DAS KLEINE
STERNZEICHENBUCH

Skorpion

24. Oktober – 22. November

SONDERAUSGABE

Text: Peter Ripota (unter Mitarbeit von Y. Kirsch, A. Huber, B. Kleefeld, W. Martin, G. Motitschka), Ursula Fassbender
Titelabbildung: Hartmut Baier
Umschlaggestaltung: Axel Ganguin

ISBN 978-3-8174-6403-6
5264031

Fast alle Menschen kennen ihr Sonnenzeichen – das, was man gewöhnlich als „Sternzeichen" bezeichnet. Und mindestens die Hälfte kennt auch ihren Aszendenten. Viele lesen die astrologischen Wochenprognosen in den Illustrierten, und die Astrologen haben Zulauf wie im Mittelalter.

Was ist dran an der Astrologie? Enthält sie uraltes Wissen, vielleicht sogar von übermenschlichen Besuchern aus dem Kosmos? Oder ist sie Scharlatanerie, Geschäft mit der Gutgläubigkeit (und Vergesslichkeit) der Menschen?
Immerhin beschäftigen sich mehr ernsthafte Gelehrte und Praktiker mit ihr, wenn auch meist heimlich: Ärzte, Heilpraktiker, Psychologen, Berater. Wendet man ihre Erkenntnisse an, kommt man zu praktischen, verwertbaren Lebenshilfen. Man muss nur wissen, worüber die Sterne wirklich Auskunft geben können und worüber nicht.

Die Sterne können Auskunft geben über:
- angeborene Talente, Begabungen und besondere Fähigkeiten,
- angeborene körperliche Schwächen,
- Zeiten, in denen es günstig ist, etwas Bestimmtes zu tun,
- Zeiten, in denen es eher ungünstig ist, gewisse Dinge in Angriff zu nehmen,
- Menschen, mit denen man sich gut versteht und solche, mit denen man eher Probleme hat.

Die Sterne können nichts darüber sagen:
- wie man gerade lebt oder sich fühlt,
- ob eine Verbindung (z.B. Ehe) glücklich ausgeht oder nicht,

- wie jemand aussieht,
- an welchen Krankheiten jemand tatsächlich leidet.

Die Astrologie ist in diesem Sinn Lebenshilfe, dass sie jemandem sagen kann, wo seine Chancen liegen – vorausgesetzt, er fördert die Talente und Anlagen, die ihm unter seinem Stern- bzw. Sonnenzeichen gegeben sind. Auch kann die Astrologie bestimmte Fehler, zu denen man „natürlicherweise“ neigt, von vornherein vermeiden helfen.

Und nicht zuletzt führt die Beschäftigung mit dem eigenen Tierkreiszeichen, das Nachdenken über Aussagen, die die Astrologie hierüber macht, zur kritischen und positiven Auseinandersetzung mit sich selbst: Wie oft hat man das Gefühl, beruflich oder privat am falschen Platz zu sein! Die Astrologie kann solche Gefühle bestätigen oder widerlegen. Doch es dürfte klar sein, dass das Sternzeichen allein keine erschöpfende Auskunft geben kann. Es gibt auf dieser Welt nicht nur zwölf Menschentypen, sondern so viele einzigartige Charaktere wie Menschen. Dennoch ist die Beschäftigung mit dem Sternzeichen sinnvoll. Sie zeigt die Grundtendenzen auf, die den Weg zu einem erfüllten Leben andeuten.

Einführung

Grundlagen der Astrologie

Bei Astrologie denken wir gleich an den Einfluss der Sterne. Tatsächlich wissen wir nicht, wie Astrologie funktioniert, doch jeder kann sich selbst davon überzeugen, dass sie funktioniert. Auch haben nicht die Sterne Einfluss auf uns, sondern die Himmelskörper unseres Sonnensystems: Sonne, Mond und die Planeten.

Das Sonnenzeichen

Am stärksten wirkt die Sonne, der wir unser Dasein verdanken und ohne die keinerlei Leben möglich wäre. Während der scheinbaren jährlichen Wanderung der Sonne am Himmel hält sich dieser Stern etwa einen Monat lang in je einem Tierkreiszeichen auf. Die zwölf Tierkreiszeichen haben die gleichen Namen wie die Sternbilder der Ekliptik, doch sie sind mit ihnen nicht identisch. Während Sternbilder am Himmel fest verankert sind und aufgrund ihrer großen Entfernung keinerlei Einfluss auf den Menschen ausüben können, bilden Tierkreiszeichen – oder kurz Zeichen – eine zeitliche Einteilung des Jahres. Wer im Frühjahr geboren wird, wenn alles vom Winterschlaf erwacht und nach außen drängt, der hat einen ganz anderen Charakter als jemand, dessen Geburt in die Zeit der erlöschenden Herbstsonne fällt. Aus dieser jahreszeitlichen Einteilung ergeben sich die Eigenschaften der zwölf Zeichen.

Die zwölf Zeichen

♈ **Widder** (21. März bis 20. April: Beginn des Frühlings):
Der große Kampf des aufkeimenden Frühlings gegen den unterliegenden Winter beginnt. Es bilden sich die ersten Knospen. Unter Stürmen und Kämpfen, doch mit unerschütterlichem Optimismus wächst neues Leben.

♉ **Stier** (21. April bis 20. Mai: Mitte des Frühlings):
Die Wiesen blühen, die Frühlingsdüfte erfüllen die Luft, das Leben beginnt. Die Zeit ist gekennzeichnet durch die Farbenpracht der Blüten.

♊ **Zwillinge** (21. Mai bis 21. Juni: Unruhe des Frühlings):
Etwas Neues bereitet sich vor, die Jahreszeit neigt sich dem Ende zu. Veränderungen in der Luft bringen Unruhe und Neugier. Die Bäume bilden Bätter und Zweige, Pflanzen und Tiere treten in Kontakt miteinander.

♋ **Krebs** (22. Juni bis 22. Juli: Beginn des Sommers):
Etwas Neues baut sich auf, die heißeste Jahreszeit beginnt. Regen, Feuchtigkeit und die Fülle sommerlichen Lebens erfüllen die Erde. Plötzlich kommt es zu Gewittern, zu Unruhe, zu Entladungen. In Feuchtigkeit und Hitze bildet sich neues Leben.

♌ **Löwe** (23. Juli bis 23. August: Mitte des Sommers):
Die Natur erstrahlt in ihrem höchsten Glanz. Die Sonne hat zwar den Höhepunkt überschritten, bringt aber eine ruhige und überlegene Wärme. Alles blüht hochsommerlich, voller Wärme und Energie. Die Natur hat ihre Reife erreicht.

♍ **Jungfrau** (24. August bis 23. September: Unruhe des Sommers):
Es wird Zeit, die Ernte einzubringen. Dazu braucht man Fleiß, Sinn für Ordnung und Freude an der Arbeit. Früher arbeiteten nur Frauen und Mädchen auf den Feldern, daher wird diese Zeit vom Zeichen der Jungfrau beherrscht.

♎ **Waage** (24. September bis 23. Oktober: Beginn des Herbstes):
Die Ernte ist eingefahren und muss gerecht verteilt werden. Außerdem hat man jetzt mehr Zeit für das Schöne: für Feste und Vergnügungen, für Kunsthandwerk und Geselligkeit. Das Wetter ist immer noch schön, die Herbstfarben regen zu stimmungsvollen Bildern an.

♏ **Skorpion** (24. Oktober bis 22. November: Mitte des Herbstes):
Die trübe Jahreszeit beginnt. Nebel und gefallene Blätter künden von Tod und Verwesung. Die Menschen beginnen, sich in sich selbst zurückzuziehen und auf ein häusliches Leben einzustellen.

♐ **Schütze** (23. November bis 21. Dezember: Unruhe des Herbstes):
Das Schlimmste an herbstlich-düsterer Stimmung ist überwunden. Im Spätherbst kommt nochmals eine gewisse Leichtigkeit vor den Stürmen des Winters, ein kurzer Optimismus, der mithilft, den Winter zu überstehen.

♑ **Steinbock** (22. Dezember bis 20. Januar: Beginn des Winters):
Die Sonne hat ihren tiefsten Stand erreicht, die Erde ist trocken und die Natur karg. Nur die zähen Tiere überleben, diejenigen, die sich einen Vorrat angeschafft haben und sich ans Leben klammern.

♒ **Wassermann** (21. Januar bis 19. Februar: Mitte des Winters):
Die Luft ist glasklar, alle Aktivitäten eingeschränkt. Die Natur verharrt in kälteklirrender Gelassenheit. Tätigkeiten des Geistes werden jetzt begünstigt.

♓ **Fische** (20. Februar bis 20. März: Ende des Winters):
Die Kälte schwindet, der Schnee schmilzt, alles wartet auf das Ende des Winters und auf den stürmischen Beginn des neuen Jahres.

Der Aszendent

Neben der Sonne sind natürlich auch noch andere Faktoren wichtig. So war schon im Altertum bekannt, dass der Punkt, an dem der Ost-Horizont den Tierkreis schneidet, einen entscheidenden Einfluss auf das Leben eines Neugeborenen ausübt, ganz besonders, wenn zu dieser Zeit auch noch ein Planet aufgeht.

Dieser Punkt heißt Aszendent (von lat. „ascendere" = aufgehen). Ihn zu berechnen ist etwas kompliziert und auch nur dann sinnvoll, wenn die Geburtszeit genau bekannt ist. Alle zwei Stunden geht ein neues Zeichen auf, und im Laufe eines Tages dreht sich die Erde auf diese Weise durch den ganzen Tierkreis.

Die vier Elemente

Nach frühester astrologischer Tradition werden die Tierkreiszeichen in Gruppen zusammengefasst. Das Weltensystem der alten, aus dem Orient stammenden Astrologie war geozentrisch. Die Kreisbewegungen der Planeten um die Erde wurden mit den linearen, zeitlich begrenzten Bewegungen der vier klassischen Elemente Feuer, Luft, Wasser und Erde kombiniert.

Die Vier-Elemente-Vorstellung wurde von Ptolemäus mit der Astrologie in Verbindung gesetzt. Er ordnete je drei Tierkreiszeichen den vier Elementen zu. Man spricht hier von Triplizität oder der Verknüpfung von drei Tierkreiszeichen in vier

Gruppen. Aus der Stellung der Planeten in den entsprechenden Tierkreiszeichen ergibt sich die Elementnatur. Wer in einem bestimmten Element geboren ist, hat entweder eine luftige oder feurige Natur und ein entsprechendes Temperament oder Schicksal. Die Menschen, denen die Elemente Feuer, Erde, Luft und Wasser zugeordnet werden, haben außerdem in ihrer Geburtsstunde eine bestimmte Konstellation von Sonne, Mond, Aszendent oder Planeten, die sich auch auf ihr Charakterbild auswirkt.

Nachfolgend werden die einzelnen Elemente und die astrologisch dazugehörigen Tierkreiszeichen aufgeführt:

Das Element **Feuer** (Widder, Löwe und Schütze) ist optimistisch, liebt Bewegung, ist unternehmungslustig und voll von körperlicher Energie. Der Partner verkörpert teilweise einen Mythos, also eine fantastische Gestalt, die über die Realität hinausgeht. Die Bindung in einer Partnerschaft sind gemeinsame Unternehmungen, Sport, Dynamik. Sex ist für Feuerzeichen eine wichtige Angelegenheit, bei der sie ihren Körper transzendieren und eine Art spiritueller, ekstasischer Vereinigung spüren wollen.

Das Element **Erde** (Stier, Jungfrau und Steinbock) ist realistisch und neigt deswegen zu Pessimismus und Melancholie. Es liebt Materie, also Besitz, sinnliche Vergnügungen, Arbeit und Status. Der Partner sollte ständig anwesend sein; moderne Beziehungen mit langer Trennung können Erdzeichen nicht ertragen. Die Bindung in einer Partnerschaft sind Vertrautheit, gemeinsamer Besitz, Familie, Kinder, eine gute Position in der Gesellschaft, gutes Essen und angenehme Sinneseindrücke. Sex ist für Erdzeichen eine tiefe, körperliche Erfahrung, ohne Über- oder Untertöne. Eine romantische Umgebung kann wichtig sein, Gespräche beim Sex sind eher störend.

Das Element **Luft** (Zwillinge, Waage und Wassermann) liebt die Freiheit und redet gern. Es ist kontaktfreudig und muss die Wirklichkeit durch ein geistiges System ordnen. Luftzeichen lieben geistvolle Gespräche und nehmen die Welt leicht. Der Partner kann weit weg sein; Telefongespräche ersetzen dann den körperlichen Kontakt. Die Bindung in einer Partnerschaft sind geistige Auseinandersetzungen, Gespräche und Ideen. Sex ist für Luftzeichen nicht so wichtig. Gespräche, also Verbal-Erotik, können den eigentlichen Akt ersetzen bzw. wichtiger werden als die körperliche Vereinigung.

Das Element **Wasser** (Krebs, Skorpion und Fische) lebt in einer Welt von Vorstellungen, Fantasien und Gefühlen. Manchmal mangelt es ihm an Durchsetzungskraft, dafür ist es von hohem Einfühlungsvermögen geprägt. Der Partner sollte anwesend sein, weniger als Person denn als gefühlvolles, zugewandtes Wesen. Die Bindung in einer Partnerschaft sind gemeinsame Träume und liebevolle Zuwendung. Sex ist für Wasserzeichen Ausdruck einer gefühlsmäßigen Übereinstimmung, niemals Selbstzweck.

Viereckgruppierung der Tierkreiszeichen

Der jährliche Sonnenlauf wird in vier Jahreszeiten eingeteilt. Die Jahreszeichen zeigen sich immer im gleichen Rhythmus. Die Jahreszeit bewegt sich, zeigt sich fest, stabilisiert sich, sie gleicht sich der folgenden Jahreszeit an. Genauso werden die Tierkreiszeichen eingeteilt.

Die **kardinalen** (aktiven) Zeichen (Widder, Krebs, Waage, Steinbock) ergreifen gerne selbst die Initiative und setzen sich konkrete Ziele.

Die **fixen** (beharrlichen) Zeichen (Stier, Löwe, Skorpion, Wassermann) können bei einer Sache bleiben und sind gute Organisatoren. Die **beweglichen** (reaktionsfreudigen) Zeichen (Zwillinge, Jungfrau, Schütze, Fische) sind anpassungsfähig und können rasch auf Veränderungen reagieren.

Männliche und weibliche Zeichen

Die Astrologie unterscheidet zudem auch noch nach männlichen und weiblichen Zeichen. Dies steht in gewisser Analogie zum Prinzip „Yin“ und „Yang“, von dem später noch im Kapitel zur Chinesischen Astrologie die Rede sein wird. Dieses älteste Gegensatzpaar hat somit auch in der Astrologie seinen Platz gefunden. Die Einteilung soll auf typisch männliche oder typisch weibliche Merkmale hinweisen.

Zu den **männlichen** Zeichen gehören die Feuer- und Luftzeichen, also Widder, Zwillinge, Löwe,

Waage, Schütze, Wassermann. Vertreter dieser Zeichen sollen zielstrebig und tatkräftig sein. Sie ergreifen gern die Initiative.

Zu den **weiblichen** Zeichen gehören die Erd- und Wasserzeichen, also Stier, Krebs, Jungfrau, Skorpion, Steinbock, Fische. Die Vertreter dieser Zeichen sind eher passiv und zeichnen sich durch ihr zögerliches Handeln aus. Sie sollen sehr friedliebende Menschen sein.

Außerdem werden die Zeichen noch von Planeten beherrscht, die teilweise ebenfalls als männlich oder weiblich bezeichnet werden. So ist eine Waage-Frau vom biologischen Geschlecht her weiblich, dem Zeichen nach männlich, doch der beherrschende Planet Venus ist wiederum weiblich.

Zusammenfassung:

Fasst man die vorher genannten Eigenschaften und Zuordnung für die einzelnen Tierkreiszeichen zusammen, so ergibt sich folgende Aufstellung:

Widder: Feuer, beweglich, männlich

Stier: Erde, fest, weiblich

Zwillinge: Luft, angleichend, männlich

Krebs: Wasser, beweglich, weiblich

Löwe: Feuer, fest, männlich

Jungfrau: Erde, angleichend, weiblich

Waage: Luft, beweglich, männlich

Skorpion: Wasser, fest, weiblich

Schütze: Feuer, angleichend, männlich

Steinbock: Erde, beweglich, weiblich

Wassermann: Luft, fest, männlich

Fische: Wasser, angleichend, weiblich.

Berücksichtigt man alle Faktoren, die zur Zeit der Geburt einen Einfluss ausüben können – Planeten, Häuser, Achsen, bestimmte Punkte – dann erhält man eine bildliche Darstellung, die man Horoskop nennt. Ein Horoskop kann Auskunft geben über die natürlichen Anlagen, Fähigkeiten und Talente eines Menschen; es kann jedoch nichts darüber sagen, was diese Person daraus macht. Die Symbole eines Horoskops sind wie die Gene eines Menschen: Sie beeinflussen ihn, aber welches Gen wofür zuständig ist, ist nicht leicht zu sagen. Der Mensch wird auch nicht nur durch seine Gene geformt, sondern auch durch Erziehung, Umwelt, Karma – und den eigenen Willen. In diesem Sinn ist Astrologie keine Zukunftsdeutung eines vorgezeichneten Schicksals, sondern der Hinweis auf das Potential eines Menschen und ein Appell an das Verantwortungsgefühl eines jeden, mit den eigenen Ressourcen vernünftig umzugehen und sie zum Wohle der Menschheit einzusetzen.

Warum die Astrologie so beliebt ist

Nur im Abendland gibt es eine derart scharfe Abgrenzung zwischen der Wissenschaft, die uns die Welt erklärt, und der Religion, die uns das Leben erklärt. Die Wissenschaft zeigt, wie die Dinge funktionieren, aber sie sagt uns nichts darüber, warum das so ist und welchen Sinn unser Leben hat. Die Religion erklärt nichts, kann aber dem Leben des Einzelnen Sinn und Inhalt verleihen. Eine Berührung zwischen beiden scheint es nicht zu geben. Doch gerade da kommt die Astrologie ins Spiel. Von der Wissenschaft hat sie die Exaktheit der Berechnungen, die Komplexität der Formeln und die Ableitbarkeit komplexer Sachverhalte aus ihren Symbolen. Von der Religion hat sie die Fähigkeit, dem Einzelnen sein Leben in größerem Maßstab, sozusagen unter dem Aspekt der Ewigkeit, zu zeigen. Selbst Kritiker der Astrologie müssen zugeben, dass diese unser Leben in einer Form bereichert, wie es die rationalen Wissenschaften niemals können. Die Astrologie stillt die Sehnsucht des Menschen nach etwas Mythischem, Spirituellem, über den Alltag Hinausgehendem. Und darum brauchen wir sie.

♏ SCORPIO.

Der Skorpion

Der Skorpion als Mythos

Der Skorpion ist der Mythos der Leidenschaft. Was ist Leidenschaft?

Nun, zweifellos auch etwas, was sprichwörtlich „Leiden schafft". Was hier angesprochen wird, sind wohl die dramatischen Pole der menschlichen Existenz: Sexualität und Tod.

Nach der Lehre Freuds sind die fundamentalen Lebensphänomene sogar die ursprünglichsten und wichtigsten. Er hatte zunächst nur die Sexualität, den Eros und die „Libido" (Lust) als grundlegenden und alles bestimmenden Trieb angesehen, erkannte aber im Laufe der Zeit, dass es auch einen entgegengesetzten Trieb gibt, den er als „Thanatos" (Todes- und Zerstörungstrieb) bezeichnete.

Eine der fundamentalen Aussagen der astrologischen Lehre ist die, dass alle Phänomene polaren Charakter haben. So ist es auch mit jenem Phänomen, das uns vielleicht am meisten mit dem Leben verbindet, der Sexualität.

Der Skorpion ist nun das Symbol für diese Grundtatsache. Er bezeichnet, wie alle Symbole der Astrologie, einen Archetypus, ein Urbild, das der Menschheit insgesamt unterschwellig bekannt ist. Er steht für das, was bei den verschiedensten Völkern in den Riten seinen Ausdruck findet. Er steht hinter allen Lebensphänomenen, die sich von Sexualität und Tod herleiten oder auf diese Bezug nehmen.

Der Skorpion gehört im Tierkreis der „fixen“ Zeichengruppe an, die in gewisser Hinsicht als die stärkste bezeichnet werden kann. Im Sinne Freuds wäre es sogar als das stärkste Zeichen überhaupt zu betrachten. Der Freudschüler C. G. Jung (im Zeichen des Löwen geboren) hat außer Sexualität auch noch andere Kräfte als grundlegend angesehen, vor allem den Machtwillen (Löwe).

Die Sonne tritt in das Zeichen des Skorpions ein, wenn in unseren Breiten die Kräfte der Natur zurücksinken, ein gleichsam vorübergehender Tod, der Winter, herannaht: Ende Oktober und in den ersten beiden Dritteln des Novembers fällt das Laub von den Bäumen, die Temperatur sinkt schon empfindlich, Nebel füllen die Täler – mit einem Wort, es ist eine rechte „Allerseelenstimmung“. Es ist kein Zufall, dass die Kirche in diese Zeit Totengedenktage festgesetzt hat.

Das Laub, das in dieser Zeit von den Bäumen fällt, mahnt uns an das Sterben. Und dennoch ist in ihm auch zugleich das neue Werden beschlossen. Denn aus den faulenden organischen Substanzen bildet sich der Humus, der die nährende Basis für neues Wachstum darstellt. So ist der Skorpion das Sinnbild für das Prinzip des „Stirb und werde“, was nur ein anderer Ausdruck ist für „Sexualität und Tod“ oder – nach den Worten Freuds – für „Eros und Thanatos“.

Leidenschaft ist der Weg, der diese beiden Pole verbindet. Ihre stärkste Ausdrucksform ist die „tödliche Leidenschaft“.

Die Extreme von Liebe und Hass äußern sich im Zeichen des Skorpion mit ungeheurer Gewalt. Auch das Tier, das dem Zeichen seinen Namen gibt, ist ein urtümliches, dunkles, zerstörerisches. Der Skorpion gehört zu den ältesten Lebewesen der Erde. Er gehört zur Gattung der Spinnen und hat sich – als Gattung – sein Jahrmillionen nicht verändert.

Er sucht instinktiv das Dunkel auf, das Sonnenlicht ist ihm verhasst. Er haust in Löchern, unter Steinen, in Spalten und Höhlungen. In der Nacht ist er aktiv. Er kommt aus seinem Versteck hervor und tötet seine Beute durch das Gift, das er aus seinem furchtbaren Stachel am Hinterleib spritzt. Auch am Tage ist er bereit, jeden, der sich ihm nähert, mit dieser gefährlichen Waffe anzugreifen, ja ihn zu töten.

Der „Skorpion im Feuerkreis" ist legendär geworden. In äußerster Bedrängnis stößt sich das verendete Tier reflexartig selbst den Stachel ins Fleisch.

In der griechischen Mythologie ist der Skorpion jenes Tier, das den gewaltigen Jäger Orion tötet. Dieser ist durch und durch Triebnatur. Körperlich gewandt und von herkulischen Kräften ist doch sein „Über-Ich", sein kontrollierter Geist, äußerst schwach entwickelt. Er ist ein Sklave seiner Lüste und kommt dadurch zu Fall. Er bedrängt die edle Jagdgöttin Artemis mit seinen fleischlichen Begierden und zerreißt ihren Schleier.

Dies ist das Symbol für die Missachtung der Seele durch das reine körperliche Begehren. Er will sie „erkennen" (in der Bibel das Wort für den Geschlechtsakt), er will ihr das Geheimnis entreißen, das sie unter ihrem Schleier verbirgt. Doch seiner primitiven Triebnatur erschließt sich dieses Geheimnis nicht. Um sich vor seinen Nachstellungen zu befreien, fesselt ihn Artemis an einen Hügel und lässt den Skorpion los. Am Stich dieses Tieres stirbt der Leidenschaftliche. Dass er dennoch ein Urbild ist, das einen Teil des lebenserhaltenden Prinzips ausmacht, finden wir darin ausgedrückt, dass Artemis alsbald seinen Tod beklagt. Und so bittet sie Zeus, er möge den Orion doch an den Sternenhimmel versetzen. Der Göttervater kommt ihrem Wunsche nach, und so können wir den mächtigen Jäger noch heute am winterlichen Firmament bewundern – als das schönste und prächtigste aller Sternenbilder.

Und auch der Skorpion wurde unter die Sterne versetzt. Er befindet sich auf der anderen Seite des Tierkreises. Am südlichen Himmel kann man in Sommernächten dieses wahrhaft düster-faszinierende Sternbild bewundern: Zangen und gekrümmter Schwanz sind deutlich erkennbar. Im Zentrum seines Leibes aber glüht unheimlich der Hauptstern Antares, der „Gegen-Mars", von rötlicher Farbe wie der Kriegsplanet und von ähnlich wilder Natur.

Es gibt eine Art Mythos der neueren Zeit, der ganz und gar vom Archetypus des Skorpions bestimmt ist: die Oper Carmen von Georges Bizet, der in diesem Zeichen geboren wurde. Carmen ist so etwas wie der personifizierte Skorpion schlechthin. Sie übt eine faszinierende, sinnlich bestimmte Anziehungskraft aus. Der biedere Bürger Don Josè gerät mit Haut und Haar in ihren Bann. Der bis dahin pflichtgetreue Gendarm wird von ihr zum Missbrauch seines Amtes verführt, er deckt einen Schmugglerring und wird zum Mitwisser. Als er bereits unrettbar in ihre Netze verstrickt ist, lässt ihn Carmen fallen und wendet ihre Leidenshaft einem Torero zu. In seiner bürgerlichen Existenz zerstört und in seiner Liebe enttäuscht, ersticht Don Josè die Heißbegehrte und darauf sich selbst.

In dieser Oper, die nicht zuletzt deshalb die meistaufgeführte der Welt wurde, weil sie in der Tat ein Mythos ist, finden wir fast alle Elemente des Skorpion-Themas wie in einem Brennpunkt vereinigt. Carmen verkörpert die „Femme fatale", die die Männer an sich zieht, beglückt und ins Unglück stürzt.

Nur im Zeichen des Skorpions verbindet sich Berechnung so undurchschaubar mit glühender Leidenschaft. Die Schuld der einen Seite ist mit der der anderen in unauflöslicher Weise verbunden. Weil der Mann auf die Frau Besitzanspruch erhebt, muss sie ihn ausnützen. Und weil sie ohne Schranken ihrer Leidenschaft folgt, ist ihr Untergang durch jene Affekte besiegelt, die sie heraufbeschworen hat. Der Skorpion erweist sich somit auch als das Thema von Schuld und Sühne (Roman von Dostojewksi, geboren im Skorpion).

Das gewaltige Menschheitsdrama von Tod und Leidenschaft, von Zeugung und Vernichtung ist abgrundtief und unerschöpflich. Den Skorpion symbolisiert auch ein Adler, der eine Schlange in den Fängen trägt. Dieses Bild besagt, dass dieser Archetypus von höchsten Höhen bis in die tiefsten Tiefen reicht. Das Zeichen bedeutet das Ringen des Menschen, der sich nach dem Himmel sehnt, mit den Kräften der Unterwelt.

Der Skorpion und sein beherrschender Planet

Der Planet, der nach astrologischer Erfahrung dem Wesen der Leidenschaft am besten entspricht, ist in jeder Hinsicht ein wirklicher Außenseiter.

Zunächst wäre da einmal die Tatsache, dass dieser Sonnentrabant – Pluto – erst seit dem Jahre 1930 bekannt ist.

Seiner Entdeckung ging eine mühevolle Suche voraus, denn Pluto ist so weit von der Sonne entfernt und dazu auch noch so klein, dass er in dem Meer von Fixsternen für den Erdenbeobachter schier unterzugehen scheint. Die Suche nach ihm glich der Suche nach der Stecknadel in einem Heuhaufen.

Seine Auffindung gelang schließlich durch den Vergleich von 90 Millionen (!) Photographien von Ausschnitten des Sternenhimmels, in denen man einen „neuen" Planeten vermutet.

Das ging so vor sich, dass man immer zwei Bilder des gleichen Himmelausschnittes mittels eines Stereokomparators für das Auge zur Deckung brachte. Diese beiden Bilder aber waren an verschiedenen Tagen aufgenommen worden. Mittels einer Abblendvorrichtung konnte man nun das frühere mit dem späteren Bild vergleichen.

Befand sich unter der Vielzahl von Fixsternen nun ein Planet, der seine Position ständig veränderte,

so musste dieser durch dieses Aufblinken schließlich auffallen.
Auf diese Weise fand man in dem genannten Jahr nun tatsächlich ein winziges Sternchen, das, wie man aus seiner Bahn schloss, Planetennatur zu haben schien.

Doch hier beginnen schon die Schwierigkeiten. Denn was ist eigentlich ein Planet? Könnte man Pluto nicht auch als Planetoiden bezeichnen, also als einen jener kleinen und kleinsten Sonnentrabanten, wie sie zu Tausenden vor allem in dem Raum zwischen Mars und Jupiter, zum Teil aber auch außerhalb dieses Raumes kreisen?

Pluto schien im Durchmesser etwa halb so groß wie die Erde zu sein, womit er immer noch größer als Merkur wäre. Doch besitzt der Planet Neptun selbst einen annähernd so großen Mond.

War Pluto vielleicht einmal ein solcher Begleiter des Neptun, der sich später verselbständigt hat? Seine Bahn ragt in die des Neptun hinein, sie ist äußerst elliptisch.

Im Übrigen gibt auch die Massenbestimmung des Pluto Rätsel auf. Er müsste entweder eine geradezu unglaubliche Dichte besitzen oder eine Oberfläche von extremen Helligkeitsunterschieden haben, oder auch von einem dunklen Begleiter umkreist werden, wenn die Beobachtungen und Berechnungen stimmen.

Pluto ist von äußerst aggressiver Natur und hat dabei etwas unheimlich Ungreifbares und Hinterhältiges an sich. Er kann daher nur einem Zeichen entsprechen, das ein starkes Aggressionspotential – auch im positiven Sinn – hat, und dieses ist der Skorpion.

Pluto bedeutet der „Reiche“. Man versuchte durch diese Benennung den Totengott (den griechischen Hades) günstig zu stimmen, denn der Herr der Unterwelt besitzt in der Tat unermessliche Schätze. Hades (oder Pluto) ist nicht nur Herr über die Toten, sondern auch über alle Bodenschätze, die sich tief unter der Erdoberfläche befinden.

Auch in der Astrologie hat er etwas mit Reichtum zu tun. Dem Skorpion und somit auch dem Pluto ist das „Achte Haus“ zugeordnet, und dieses ist nicht nur das Todeshaus, sondern auch das der materiellen Gewinne.

Pluto bedeutet nicht den Reichtum, den man sich durch Arbeit und eigene Leistung schafft, sondern Geschenke, Erbschaften, Glücksgewinne und dergleichen.

Diese haben bekanntlich auch ihre verhängnisvollen Seiten, nur starke Charaktere können sie sich auf Dauer nutzbar machen.

Eine hoher Glücksgewinn bedeutet für manchen oft mehr Fluch als Segen. Erbschaften werden nicht selten verschleudert und auch Geschenke haben mitunter einen Pferdefuß.

Plutonischer Reichtum wird auch bisweilen durch Spekulationsgeschäfte erworben, die nicht ganz seriös sind. Es ist der Reichtum der Kriegsgewinner, der Schmarotzer am Partner- oder Gemeinschaftsvermögen, der Dunkelmänner: Alles in allem ist er anscheinend ein rechter Finsterling, dieser Pluto.

Der Gott der Unterwelt residiert in einem Ambiente von faszinierender Schaurigkeit. Denken wir nur an den Höllenhund Kerberos (Zerberus), mit seinen fünfzig Köpfen. Er wacht darüber, dass kein Lebender das Totenreich betritt und dass andererseits kein Verstorbener aus diesem entweichen kann.

Zweifellos reicht der Charakter vom Pluto-Skorpion bis in die tiefsten Abgründe der menschlichen Existenz. Und dennoch – alles ist polar – „Wo Gefahr ist, wächst das Rettende auch“ (Hölderlin).

Am Beispiel Mozarts, lässt sich zeigen, dass Pluto auch viel mit den himmlischen Höhen und mit dem Schönsten und Edelsten verbindet. Das Schreckliche an ihm ist seine Überwertigkeit, das „Übermenschliche“. Er stellt den Menschen auf die härteste Probe, aber wer durch ihn hindurchgegangen ist, ist geläutert, wie härtester Stahl und reinstes Gold.

Dieses Prinzip ist nicht nur das der Qual, sondern auch das der Selbstüberwindung und des Triumphes. Es ist das Prinzip des Phönix, der aus der Asche steigt.

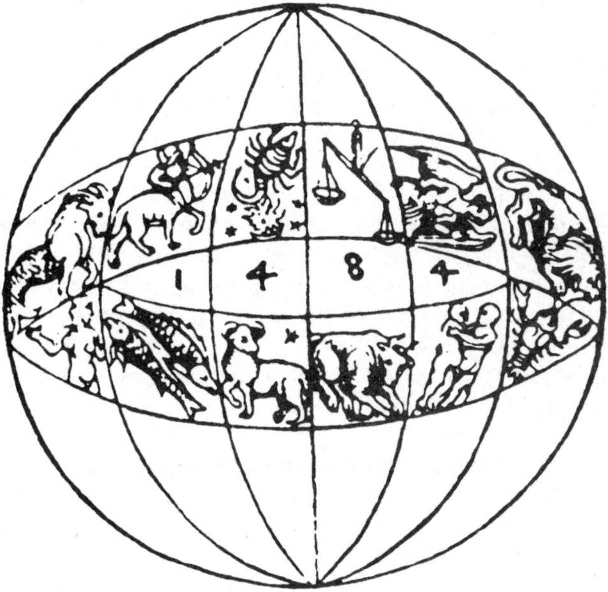
1 4 8 4

„Rotkäppchen und der Wolf“ erzählt von einem Skorpion

Es war einmal ein Wolf, der war in Wirklichkeit gar kein Wolf, sondern Oberpriester einer geheimen Sekte, die bei Vollmond Schwarze Messen feierte und dazu immer auch ein Opfer brauchte.

Und „Wolf“, wie wir ihn nennen wollen, war immer auf der Suche nach geeigneten Opfern. Und eines Tages sah er ein kleines Mädchen auf der Straße gehen, mit einem Korb am Arm und einer roten Kappe auf dem Kopf. „Das ist genau das, was ich suche“, dachte „Wolf“, und mit süßem Lächeln machte er sich an das Mädchen heran und fragte sie nach Namen, Geburtsdatum und Ziel. Das kleine Mädchen lächelte geheimnisvoll zurück und sagte, dass es Rotkäppchen heiße und auf dem Weg zu seiner Großmutter wäre, um ihr anlässlich einer Feier Kuchen und Wein zu bringen.

Der Wolf fragte scheinheilig, ob er sich anschließen dürfe, und Rotkäppchen sagte mit ihrem undurchschaubaren Lächeln, „aber natürlich, Oma würde sich freuen.“

Als sie das Häuschen der Großmutter betraten (es lag an einem stillen Gewässer in der dunkelsten Stelle des Waldes), da sagte Rotkäppchen nur: „Hier ist er“. „Wer?“ fragte die Großmutter, doch dann sah sie den Wolf und in ihre grünen Augen kam ein blaues Strahlen. „Natürlich!“ rief sie, „Herzlich willkommen.“ Das dachte auch der

Wolf, denn er hatte die Absicht, erst die Großmutter „auszuschalten“ und dann das Mädchen für die nächste Schwarze Messe vorzubereiten.

Aber, liebe Kinder, man soll sich nie auf das verlassen, was man sieht. Hinter den Dingen und Menschen steckt oft etwas anderes.

Als sich der Wolf gemütlich niederlassen wollte, während Großmutter zwei Kerzen am Tisch anzündete und Rotkäppchen die Rolläden herunterließ und mit einem Silberdolch in der Hand zurückkam, da wurde dem guten Wolf plötzlich unbehaglich zumute. Wo war er da hingeraten? Die beiden taten so, als hätten sie auf ihn gewartet, aber sie kannten ihn doch gar nicht. Außerdem, wozu die Zeremonien für ein Stück Kuchen mit Wein?

„Ist der Wein fertig?“ fragte Rotkäppchen ihre Oma und lächelte süffisant. „Gleich“, sagte Oma und schliff ein Messer mit venezianischer Klinge, „ein bisschen müssen wir noch warten, die Zeit ist noch nicht reif.“ Und die beiden starrten Wolf an und begannen plötzlich mit einem unheimlichen Singsang, in dem immer wieder etwas von der „Großen Göttin“ und vom „Mondopfer“ vorkam. Der Wolf wollte gerade ... – was ist Kinder? Das Märchen gefällt euch nicht? Aber es wird doch erst richtig spannend!

So etwa könnte ein Skorpion das bekannte Märchen erzählen. Jedenfalls finden wir einige typische Merkmale:
Die Gestalten des Märchens sind geheimnisvoll

und undurchsichtig. Sie beschäftigen sich mit irgendwelchen dunklen Dingen, die mit Mystik und geheimen Religionen zu tun haben.

Und der arme Wolf, der sich so überlegen fühlt, wird hier das Opfer einer schwarzen Messe, die er doch lieber selbst gefeiert hätte.

Natürlich beschäftigen sich Skorpione nicht nur damit! Aber ein intensives Interesse an den letzten Fragen des Lebens ist immer vorhanden.

Auf den folgenden Seiten erfahren Sie noch einiges mehr über dieses Zeichen!

Der Skorpion und sein Charakter

Der Skorpion ist ein derart starkes und markantes Zeichen, dass man Menschen, deren Geburtssonne sich dort befindet, meist schon leicht an ihrem Äußeren erkennt.

Der Skorpion ist meist ein eher untersetzter, pyknischer Typus. Häufig treffen wir so genannte „Sitzriesen“ an, dass heißt, der Oberkörper ist im Verhältnis zu den Beinen relativ lang. Trotz ihrer Neigung zur Dicklichkeit wirken sie keineswegs weich und gemütlich, sondern vielmehr bullig und robust. Ihren Gesichtsausdruck kann man nur als faszinierend bezeichnen.

Skorpione strahlen häufig einen Hauch von Brutalität aus, selbst wenn sie alles andere als „Schlägertypen“ sind. Es ist dies nichts anderes als der körperliche Ausdruck ihrer inneren Leidenschaftlichkeit und der immensen Willenskraft, die ihrem Zeichen zu Eigen ist.

Es gibt auch einen Skorpion-Typus, der kühl und eher unscheinbar wirkt, doch diesem blicke man nur einmal in die Augen.

Der Skorpionblick ist von durchdringender Schärfe, manchmal eisig klar, manchmal wie ein Blitz aus dem Finsteren. Immer aber zieht er das Gegenüber mit magischer Gewalt in seinen Bann.

Man sollte dieses Zeichen nicht einseitig dämonisieren. Die Skala der skorpionischen Wesenszüge reicht bei weitem über das Düstere und Unheimliche hinaus. Dieses Element kann in seiner astrologischen Charakterbeschreibung nie fehlen. Man kann sagen, dass dieses Zeichen ein ungeheuer reichhaltiges ist, es verlangt Aufmerksamkeit und Auseinandersetzung. Wenn viele Menschen Schwierigkeiten mit Skorpionen haben und daher mit der Zeit Angst vor ihnen bekommen, so beruht dies darauf, dass sie nicht auf sie eingehen und ihre eigenwillige Persönlichkeit nicht akzeptieren wollen.

Der Skorpion ist sicherlich alles andere als harmlos, aber er ist auch nicht der Finsterling, als der er manchmal erscheint.

Natürlich hängt die Befangenheit diesem Zeichen gegenüber auch mit dem nicht gerade sehr sympathischen Tier zusammen, das es symbolisiert.

Wer tiefer blicken will, wem ernsthafte Beschäftigung lieber ist als oberflächliches Dahinleben, der findet im Skorpion einen wahren Schatz, der ihm die Bedeutung des Lebens aufschließen kann.

Skorpione sind nicht leicht zu durchschauen und sie verwahren sich auch mit großem Erfolg dagegen, mit allzu platten Vertraulichkeiten behelligt zu werden. Selbst aber durschauen sie andere ausgezeichnet. Es ist schwer, einem Skorpion gegenüber ein Geheimnis zu bewahren. Viele Menschen, die Probleme haben, die sie niemandem erzählen wollen, schütten plötzlich vor Skorpionen ihr Herz aus. Sie spüren instinktiv, dass diese Menschen um die Abgründe des Lebens wissen und dass sie auch das Furchtbarste verstehen, weil es ihnen nicht fremd ist.

Der Skorpion kann schweigen wie ein Grab; Geheimnisse sind bei ihm bestens aufgehoben. Dennoch sollte ihm nur vertrauen, wer ihm gegenüber ein makellos reines Gewissen hat. Denn werden diese Menschen verletzt, so ist mit ihnen wahrlich nicht gut Kirschen essen. Sie sind dann zu jeder Perfidie, bisweilen sogar zur abgründigsten Bösartigkeit fähig.

Er ist zugleich das Zeichen der Rache. Als Wasserzeichen ist er ein Mensch mit äußerst starken Gefühlen, vielleicht sogar der stärksten des gesamten Tierkreises.

Als emotionaler Charakter ist er aber auch überaus empfindlich. Zwar bringt es ihn seelisch keineswegs um, wenn man ihn beleidigt oder ihm sonst wie Unrecht tut, doch er hat ein unerhörtes „Sensorium“ für den eigenen – wie für den fremden – Schmerz: Er kann auch nicht die geringste Kleinigkeit vergessen. Wenn man ihm übel mitspielen will, so kann man seiner oft fürchterlichen Rache ziemlich gewiss sein.

Der Skorpion ist nicht nur ein gefühlsstarkes Wasserzeichen, sondern auch das Zeichen des „Über-Mars“, das Pluto darstellt: Dessen ganze geballte Aggressivität und seine Affekte verbinden sich mit einer tiefen Emotionalität. Daraus entsteht manchmal eine hochexplosive Mischung.

Da die Wasserzeichen aber introvertiert und zurückhaltend sind, kann er sich unglaublich gut beherrschen. Er wird niemals im ersten Affekt reagieren. Er lässt es sich nicht anmerken, wenn er gekränkt wurde. Im Gegenteil – und das ist seine besonders heimtückische Stärke – gibt er sich gerade dann den Anschein ungebrochener Freundlichkeit. Er versteht es meisterhaft, sich bis zum entscheidenden Punkt zu tarnen.

Innerlich aber bereitet er eiskalt und planmäßig die Racheaktion vor. Er kann warten. Er wartet bis zu jenem Zeitpunkt, in dem sich sein Opfer schon längst in Sicherheit wähnt, den Vorfall vielleicht schon vergessen hat. Kaum aber gibt es sich die geringste Blöße, kaum ist eine günstige Gelegenheit zur Abrechnung gekommen, stößt der Skorpion gnadenlos zu.

Der Skorpion ist in jeder Hinsicht äußerst anspruchsvoll, besonders aber in der Wahl seiner Partner und Freunde. Es ist nicht leicht, mit ihm überhaupt ins Gespräch zu kommen. Viele verschanzen sich vor oberflächlichen Menschen hinter einer Maske undurchschaubarer, glatter und kühler Freundlichkeit.

Vorsicht ist geboten, wenn er allzu freundlich wird, ohne dass dafür ein adäquater Anlass gegeben wäre. Denn dies Freundlichkeit verheißt bei ihm selten Gutes. Es könnte sich um Rache handeln.

Hat man aber das Vertrauen des Skorpions gewonnen, so darf man sich glücklich preisen. Denn nur äußerst selten vergibt dieser Mensch seine Sympathien an Unwürdige.

Im Grunde ist Sympathie gar nicht der richtige Ausdruck für die Zuneigung dieses Sternzeichens. Denn bei ihm gibt es nur ganz starke Affekte oder gar keine. Wen der Skorpion für würdig befunden hat, für den setzt er sich bedingungslos ein, für den geht er durchs Feuer. Und das kann man auch wörtlich nehmen. Deshalb ist seine Rache so grausam, wenn er sich dennoch einmal getäuscht sieht.

Liebe und unverbindliche Freundschaft bis in den Tod, das ist die Art seiner Zuwendung. Wer glaubt, mit einem Skorpion spielen zu können, sollte wissen, dass er mit dem Feuer spielt.

Viele Skorpione entfalten die immense Stärke, die in ihnen schlummert, erst in Extremsituationen, in denen andere kapitulieren. Für ihn ist keine Belastung zu groß.

„Und wenn zu Worms so viele Teufel wären als Ziegel auf den Dächern, ich ginge doch hinein.“ Dieser Ausspruch des Skorpions Martin Luther illustriert den Mut, der diesem Zeichen zu Eigen ist.

Dieses Zeichen gleicht einem Vulkan: Man mag ihn zu Zeiten für erloschen halten, man meint, sich an seinen Hängen ruhig ansiedeln zu können, nicht das kleinste Wölkchen entsteigt seinem Krater. Doch im tiefsten Inneren, von niemanden wahrgenommen, brodelt die Lava. Mehr und mehr steigt der Druck, und eines Tages ist es so weit, und es kommt zu einem Ausbruch, der einem Inferno gleicht.

So äußern sich auch die Leidenschaften dieses Zeichens. Der Skorpion kann der Typ des „eiskalten Engels“ sein. Sensiblere Menschen spüren es, dass er hinter seiner unbewegten Mine brennendes Begehren verbirgt.

Er ist das Zeichen fleischlicher Triebe und doch auch das der Askese. Er kann von einem Extrem ins andere fallen. Dabei ist er aber nicht etwa ein schwankendes Rohr im Winde, sondern sein Extremismus ist Ausdruck seiner inneren Spannweite, die von radikaler Beherrschung bis zur ausschweifenden Zügellosigkeit reicht.

Viele Skorpione machen zumindest einmal im Leben einen radikalen Wandel durch. Dies kann der Moment ihrer Läuterung sein. Sie werden gleichsam noch einmal geboren.

Vielfach suchen Skorpion-Menschen gänzlich unbewusst Extremsituationen auf. Es „passiert“ ihnen scheinbar ein fürchterliches Missgeschick, das sie auch bis an den Rand des Todes bringen kann. Doch instinktiv folgen sie damit nur einem inneren Gesetz. Denn diese Zeichen ist wie keines fähig, sich zu regenerieren, aus dem tiefsten Abgrund wieder emporzusteigen, und zwar gereift und noch stärker als zuvor.

Der Wille des Skorpionmenschen ist eisenhart und äußert sich bereits in der Kindheit durch ausgesprochenen Eigensinn. Keiner kann so ruhig, entschieden und unwiderruflich „Nein“ sagen wie er. Was er aber wünscht und was er begehrt, das verfolgt er mit unermüdlicher Ausdauer und Leidenschaft.

Er findet sich auch mit keinen Kompromissen ab. „Alles oder nichts“ ist sein Leitsatz. Es gibt kein Zeichen, das sich so schwer anpassen kann, wie dieses.

Kampf und Streit weicht der Skorpion keineswegs aus, ja er sucht förmlich die Auseinandersetzung. Konflikte werden von ihm nicht verdrängt, sondern vielmehr auf die Spitze getrieben. Er ist der Typus, der Öl ins Feuer gießt, anstatt es zu löschen.

Ein besonderes Kapitel ist in diesem Zusammenhang seine oft zu beobachtende Hinneigung zu Löwe-Geborenen. Diese Zeichen sind die größten Rivalen. Sie imponieren einander, weil sie beide so stark sind. Doch jeder ist auf eine ganz andere Weise stark. Der Löwe möchte im Äußeren dominieren, der Skorpion im Seelischen. Beide wollen Macht aufeinander ausüben. So kommt es leicht zu ständigem Zähnefletschen des Löwen und zu Stichen des Skorpions.

Hier kann leidenschaftliche Zuneigung am schnellsten in Hass umschlagen, und der kann bei diesem Kampf der Giganten schrecklich werden. Doch im Grunde ist es gerade das, was der Skorpion braucht – die höchste Herausforderung und die gefährlichste Krise, zum Zwecke der Metamorphose, der Läuterung.

Der Skorpion ist ein Verführer. Er geht dabei, wie bei allem, gleichzeitig aggressiv und nachhaltig vor. Er überrumpelt durch entwaffnete Direktheit ebenso wie durch raffinierte Taktik. Er ist ein guter Psychologe, wenn nicht bewusst, dann instinktiv. Er hat einen ausgezeichneten Spürsinn für die Schwachstellen seines Gegenübers. Er weiß, wo und wann er zupacken (oder –stechen) muss.

Er ist ein Meister im Arrangieren verfänglicher oder verführerischer Situationen. Der Skorpion ist ein Spinnentier. Und wie die Spinne legt er sein Netz aus und wartet, bis sich die Beute verfangen hat: Je nachdem bedeutet das dann für das Beutetier den Himmel oder die Hölle auf Erden.

Zweifellos wohnt auch der Liebe des Skorpions ein sadistisches Element inne. Er neigt dazu, auch den, mit dem er durch dick und dünn geht, von Zeit zu Zeit ein wenig zu quälen. Das Sprichwort – „Was sich liebt, das neckt sich" – könnte von einem Skorpion erfunden worden sein. Er hätte es auch ein wenig schärfer formulieren können: „Was sich liebt, das quält sich".

Man muss immer auch eine Portion Masochismus mitbringen, um seine Liebe auszuhalten. Doch wenn man diese Voraussetzung erbringt, so kann man mit ihm das Leben in vollen Zügen genießen.

Der Skorpion gibt sich nicht mit Kleinigkeiten zufrieden. Er strebt auch in seinem Leben nach Extremen. Entweder möchte er im Luxus schwimmen, an der Spitze stehen, alles nach seiner Pfeife tanzen lassen, oder er verachtet alles Irdische, ist materiell radikal anspruchslos und lebt praktisch nur in seelisch-geistigen Kategorien.

Diese verinnerlichten Skorpione haben oft mystische und okkulte Neigungen. Sie haben eine starke Beziehung zu allem, was mit Tod und Sterben zu tun hat.

Selbst die veräußerlichten Skorpione sind nie frei von solchen Interessen. Es mag sein, dass sie dieses vor der äußeren Welt verborgen halten, aus Klugheit oder einfach wegen ihres Hangs zum Geheimnis. Aber man kann sicher sein, dass man in Geheimbünden, bei spiritistischen Sitzungen, schwarzen Messen und magischen Zirkeln auf eine Menge Skorpione stößt.

Alles Düstere und Geheimnisvolle zieht diese Menschen an. Das ist ein Geschenk ihres Herren Pluto, des Gebieters über die Unterwelt.

Wenn ein typischer Skorpion eine Party gibt, dann wäre es ihm gewiss ein reizvoller Gedanke, diese in einer Gruft stattfinden zu lassen. Und besonders reizt ihn natürlich die Verbindung von Liebe und Tod. Eine Orgie in einer Gruft – welch prickelnde Vorstellung, zumindest für Plutonisten.

Das Außergewöhnliche ist für den Skorpion gerade gut genug. Man sieht ihm diesen Hang keineswegs auf den ersten Blick an. Da er ein Meister der Tarnung ist, gibt er sich gerne den Anschein des Durchschnittlichen. Er ist aber alles andere als durchschnittlich.

Die sicherste Methode, seine Aufmerksamkeit zu erregen, ist, ihn selbst mit einem Geheimnis zu konfrontieren. Er möchte – wie Orion – jedes Geheimnis entschleiern. Doch selten sind Skorpion-Menschen so simpel wie der berühmte Jäger. Allenfalls, wenn sie auf ein Geheimnis stoßen, das auch sie nicht so leicht durchschauen können, werden sie unruhig. Man kann sie kaum durch Vorspielung falscher Tatsachen aus der Reserve locken. Auch Imponiergehabe oder realen Hintergrund hat ihr seelischer Röntgenblick bald entlarvt.

Doch wo sich ein rätselhafter Abgrund auftut, den es zu erforschen gilt, dort wird der Skorpion sehr angeregt. Es ist ja nicht die Sonne sein Element, sondern das Dunkel der Nacht.

Ebenso verachten Skorpione billige Schmeicheleien. Sie durchschauen sie sofort. Doch wenn sie merken, dass sie wirklich und ehrlich bewundert werden, zeigen sie sich dafür keineswegs unempfänglich. Sie lassen sich eben nur nicht so leicht täuschen.

Sie sind zwar stolz und haben ein äußerst empfindliches Selbstbewusstsein, doch sie sind gleichzeitig so klug und beherrscht, sich dies nicht anmerken zu lassen.

Sie verbergen ihre verwundbaren Stellen mit großem Erfolg vor dem Gegner. Und sie wissen die Spreu vom Weizen zu trennen. Sie haben ein unbestechliches Gefühl für wahre Werte und Ehrlichkeit.

Sie wissen auch um ihren eigenen Wert. Bescheidenheit ist nicht ihre Sache. Es mag sein, dass sie, wenn sie etwa gerade einen Rachefeldzug planen, auch diese „Tugend“ vortäuschen, aber im Allgemeinen kann niemand so selbstverständlich und ohne affektiert zu wirken, zu seinen Vorzügen stehen wie der Skorpion.

Der Skorpion ist ein „Faustischer Mensch“. Wie der Doktor Faust strebt er von Begierde nach Genuss, und im Genuss verschmachtet er dann vor Begierde, um es mit dem Worten aus dem gewaltigen Drama von Goethe zu sagen. Er ist von Gott zur Probe aufs Exempel berufen worden, ob es dem Teufel gelingen wird, sich seine Seele anzueignen.

Er verlangt nach höchster Erkenntnis. Diese Erkenntnis ist die von gut und böse, und sie ist die Wurzel des Sündenfalls. Der Skorpion will auch in der Sexualität einen hintergründigen Sinn erkennen, und so sucht er die Sinnlichkeit, die Wollust, wie Faust bei Gretchen.

Dieser hochdramatische Kampf zwischen den verschiedenen Kräften ist der immer währende Seelenkampf des Skorpions.

Wie sich dieser im individuellen Fall konkretisiert, dafür gibt es die verschiedensten Möglichkeiten. Meist heftet er sich an einen zwischenmenschlichen oder sozialen Konflikt. Nie aber ist dieser Kampf im Skorpionzeichen ein rein geistiger, sonden er ist immer konkret und wühlt Emotionen auf.

Der Skorpion strebt nicht nach dem Schönen, Ästhetischen, sondern nach dem Faszinierenden. Das kann auch das so genannte Hässliche miteinschließen. Am Ende aber steht die große Verheißung des Erlöstwerdens.

Der Skorpion im Beruf

Dieses Zeichen bewährt sich natürlich besonders in solchen Berufen, die extrem, ungewöhnlich und nur von einer Minderheit geistig und seelisch zu bewältigen sind.

Orte, wo Skorpione besser als andere gute Leistung erbringen können, sind – gemäß ihren Analogien und Charakteranlagen – Friedhöfe, Kanalschächte, Höhlen, Operationssäle, aber auch die Büros der Geheim- und Staatspolizei. Es ist also klar, dass ein typischer Skorpion-Vertreter sich auch beruflich mit großem Erfolg in jenen Sphären bewegen kann, die den nächtlichen, unheimlichen und schaurigen Bereichen des Pluto angehören. Es sind Berufe, die ein aggressives Element einschließen (wie beim Widder), dazu aber noch Nachhaltigkeit, bohrenden Forscherdrang, Lust zur Entschleierung von Geheimnissen, zum Sezieren und Durchleuchten erfordern. Auch können – ja sollen – diese Berufe manchmal in gewisser Weise mit Hässlichem, Abstoßendem und Düsterem zu tun haben.

Wenn man bedenkt, wie notwendig auch solche Tätigkeiten sind, wird man erst recht dankbar dafür sein, dass es den Skorpion gibt. Weil alles seine Kehrseite hat, ist es natürlich unvermeidbar, dass diese Zeichen auch kapitale Intriganten und Fallensteller hervorbringt. Doch man muss bedenken, dass es im Grunde dieselbe düstere Anlage ist, die zu rein destruktiven wie auch zu hilfreichen und notwendigen, wiewohl dem Anschein nach schaurigen und abstoßenden Tätigkeiten prädestiniert.

Natürlich sind solche Tätigkeiten ständig der Gefahr des schwerwiegenden Missbrauchs ausgesetzt, wie ja auch der Skorpioncharakter ständig vom Teufel versucht wird. Man kann sich vorstellen, dass gerade ein Skorpion-Arzt sich vom Problem der Sterbehilfe angezogen fühlt.

Doch es muss nicht immer so drastisch zugehen. Dieses Zeichen eignet sich auch ganz besonders für Aufgaben, die zwar kein schauriges Ambiente erfordern, aber doch an der Grenze der Moral angesiedelt sind. Darunter fallen etwa Waffenproduktion und –handel, Nachtklubs und Spielkasinos. In solchen Bereichen bewähren sich Skorpione gewiss in materieller, organisatorischer und finanzieller Hinsicht, doch ob sie sich hier auch moralisch bewähren können, ist eine andere Frage.

Eine weitere klassische Eignung dieses Zeichens ist die zur Propaganda. Das Wort Werbung wäre für sie wahrscheinlich zu zahm. Sie sind die exzellentesten Virtuosen auf der Klaviatur der menschlichen Psyche. Da sie um die Schwäche und Abgründe des Menschen Bescheid wissen und auch einen hervorragenden Sinn für Massenphänomene haben, gelingt es ihnen, durch raffinierteste Werbestrategien für massenhaften Absatz auch der zweifelshaftesten Produkte zu sorgen.

Am seltensten von allen Zeichen finden Skorpione in untergeordneten und abhängigen Tätigkeiten ihr Auskommen. Denn sie können sich einerseits am wenigsten anpassen, und andererseits drängt es sie immer zum Außerordentlichen. Man findet Skorpione im Allgemeinen entweder ganz oben oder aber ganz unten.

An einem durchschnittlichen Arbeitsplatz geraten sie rasch in Konflikt mit Kollegen und Vorgesetzten. Sie sind Empörer. Sie lassen sich auch nicht das kleinste Unrecht gefallen und beharren auf ihrem eiskalt-schneidenden „Nein", wenn sie etwas ausführen sollen, das sie als Zumutung empfinden. Sie sind zwar bereit, selbst härteste oder für viele unangenehme Arbeiten zu übernehmen, aber sie wollen es selbst sein, die bestimmen, wie und warum diese Tätigkeit ausgeführt wird. Skorpione beugen sich keinem Zwang. Es sieht manchmal so aus, als hätten sie einen Kompromiss geschlossen und sich mit einer angeblichen Notwendigkeit abgefunden, doch der Schein trügt. Denn entweder verfolgen sie eine bestimmte Strategie, um durch Tarnung und Umwege zu ihrem wahren und eigentlichen Ziel zu gelangen, oder sie werden zu äußerst gefährlichen U-Booten oder trojanischen Pferden, die sich keineswegs um die Grenzen der Legalität kümmern.

Unter solchen Verhältnissen gibt es in diesem Zeichen fast nur zwei Möglichkeiten. Entweder sie gelangen früher oder später an die Spitze eines Unternehmens, oder sie landen im sozialen Aus. Auch aus letzterem steigen sie jedoch nicht selten wieder empor wie der Phönix aus der Asche.

Eine typische Skorpion-Karriere kann so aussehen, dass der Skorpion zunächst sein Leben anscheinend total verpfuscht, dann aber Bücher darüber schreibt, mit denen er reich und berühmt wird. Oder er wird ein „König der Unterwelt“ (wie Pluto!).

Einen Skorpion zum Chef zu haben, ist nicht gerade eine einfache Sache: Diese Menschen verlangen sich selbst das Äußerste ab, verlangen aber auch das Gleiche von ihren Untergebenen. Da das Wasserzeichen ein emotionales, gefühlsintensives ist, bringt der Skorpion-Chef seinen Mitarbeitern eine sehr subjektive Einstellung entgegen. Er neigt durchaus dazu, Einzelne von vornherein sympathisch zu finden, andere wieder kann er nicht leiden. Dies beruht im Allgemeinen auf einer sehr guten Menschenkenntnis.

Denn er bevorzugt instinktiv jene Typen, aus denen er das meiste für seine Ansichten herausholen kann. Denn das dadurch entstehende Günstlingswesen ist somit nicht allzu ungerecht. Wer unter einem Skorpion arbeitet, sollte wissen, dass er ohne totale Einsatzbereitschaft bei ihm nichts zu erhoffen hat.

Wer dem Skorpion-Chef nicht absolut tauglich erscheint, der hat bei ihm nichts zu lachen. Er wird entweder baldigst gefeuert oder so lange mit ausgesuchten Sadismen gequält, bis er von selbst das Handtuch wirft. Dieser Mensch hat nur eine Chance. Selbst eine jeder skorpiontypischen Metamorphosen zu vollziehen und dem Chef zu beweisen, dass er ihn unterschätzt hat. Dies gelingt nur, wenn er herausbekommt, welchen Arbeitsstil sein Chef schätzt, und wenn er diesen Arbeitsstil voll und ganz zu dem seinen macht.

Wenn er es schafft, sich so ganz und gar anzupassen, dann hat er bei seinem Skorpion-Vorgesetzten einen Haupttreffer gelandet. Denn eine derartige Selbstüberwindung imponiert dem Skorpion maßlos.

Der Mitarbeiter, der sich so gewandelt hat, hat die Garantie dafür, dass er selbst zum Favoriten aufrückt. Sein Chef wird nun für ihn selbst durchs Feuer gehen. Er wird ihn immer gegen alle äußeren Angriffe und Fährnisse verteidigen; er kann alles von ihm haben.

Das sind die Wunderbarkeiten des Skorpions. Wer ihm bewiesen hat, dass er stark sein kann, selbst gegen seine, des Skorpions Vermutung, dem vergisst er dies niemals.

Er ist ein zu guter Psychologe, um nicht zu wissen, was sich dieser Unterschätzte abverlangt hat. Andere, oberflächlichere Machtmenschen mögen es als selbstverständlich ansehen, dass sich einer eben „zusammenreißt", und sich keineswegs zu besonderer Anerkennung verpflichtet fühlen. Nicht so der Skorpion: Sein Dank ist ebenso elementar wie seine Rache. Er vergisst nichts, selbst über Jahrzehnte der Trennung hinweg.

Im Hinblick auf solche psychologischen Mechanismen gibt es für den Skorpion auch als Chef nur eine Alternative: Entweder es hält niemand bei ihm aus – dann kann er gut daran tun, freiberuflich und auf sich selbst gestellt seinen (fast immer erfolgreichen) Extremweg zu gehen oder er schafft sich mit seiner Art einen verschworenen

Kreis von bedingungslos ergebenen Mitarbeitern, mit denen er ebenfalls von niemandem auf seinem Erfolgsweg zu bremsen ist.

In Konkurrenzverhältnissen geht der Skorpion sozusagen manchmal über Leichen, um Sieger zu bleiben. Doch auch hier gibt es ein Skorpion-Wunder: Wenn er erkennt, dass jemand noch stärker ist als er, dann neigt er dazu, sich diesem als Treuester der Treuen zur Verfügung zu stellen. Er geht für einen, den er wirklich als größer anerkennt, bis ans Ende der Welt und bis in den Tod.

Je spezifischer die Berufsart ist, je mehr sie seinem Zeichen gemäß ist, desto reibungsloser wird sich der Skorpion in diesen Beruf integrieren. Trotzdem wird es auch hier immer wieder zu Spannungen kommen, wenn sie auch leichter überwunden werden können.

Ein betont bürgerlicher Beruf, am Ende gar einer, in dem immer alles im gleichen Trott dahinläuft, wird Skorpione meist nur anöden. Im Grunde sucht jeder Vertreter dieses Zeichens die ganz große Herausforderung. Erst in Extremsituationen äußert sich die ganze Härte und Gewalt seines Charakters. Das kann im militärischen Beruf im Kriege sein oder bei der Fremdenlegion.

Erst wenn die äußeren Umstände sehr skorpiontypisch werden, kann es sein, dass der Skorpion-Mensch die ganze Güte und Lauterkeit, die auch in ihm schlummert, hervorkehrt. Sie sind dann die besten und treuesten Kameraden, die edelsten Vorbilder.

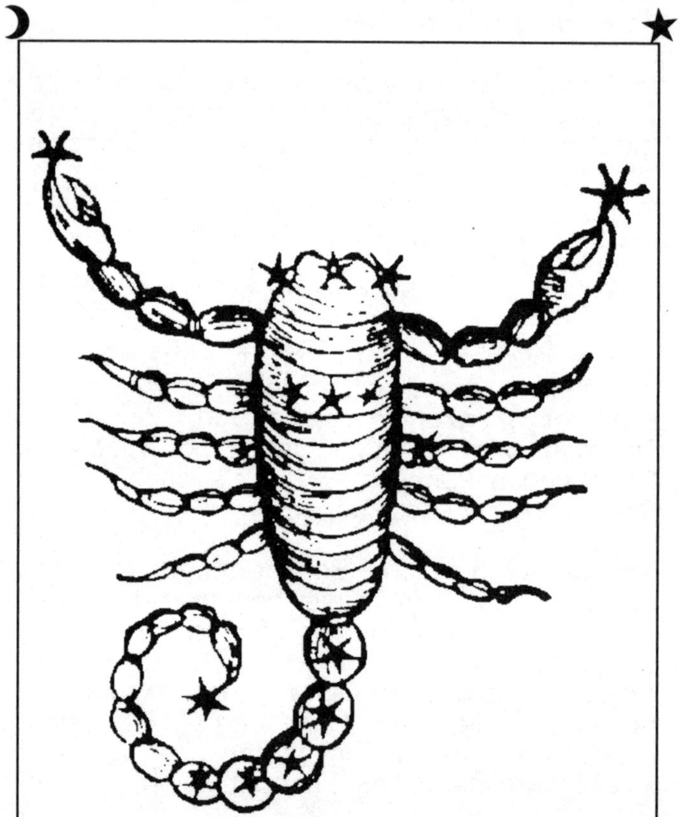

Der Skorpion in der Freizeit

Urlaub:
Sie brauchen einen Urlaub, der Ihren Sinn für das Extreme befriedigt. Es muss ja nicht gleich die Besteigung des Matterhorns im Alleingang sein. Aber so ein kleiner Abenteuerurlaub mit Durchquerung der Sahara oder des Amazonas-Dschungels macht ihnen sicher Spaß.

Wahrscheinlich haben Sie auch einen Vorliebe für Landschaften, die man als „höllisch" bezeichnen könnte. Vulkanische Gegenden, in denen es nach Pech und Schwefel riecht; brodelnde Geysire, die Schlamm in die Luft schleudern, dampfende Dschungel und Moore mit wabernden Nebelschwaden – das sind Gegenden, die Ihnen ausnehmend gut gefallen.

Oder wie wär's mit einem Bummel durch die Unterwelt? Das können Berghöhlen sein, aber auch das Kanalisationssystem einer großen Stadt.

Auch das Nachtleben und die Unterwelt einer Großstadt könnten für Sie etwas Faszinierendes haben. Doch wenn Sie nicht so extrem empfinden, dann machen Sie einfach eine Wanderung durch die Berge oder verbringen eine Nacht in einer Hütte in 2000 Meter Höhe. Wer weiß, was Sie da alles erleben!

Hobbys:
Als Skorpione brauchen Sie Hobbys, bei denen Sie Ihren Sinn für Perfektionismus und Ihre Viel-

seitigkeit ausleben können. Eine Belastbarkeit in irgendeiner Form macht Ihnen sicher Spaß und befriedigt Ihr Gefühl, etwas zu erreichen. Ob Sie nun mit Holz oder Metall umgehen, Kunstwerke schnitzen oder technische Geräte perfektionieren, ist nicht so wichtig.

Sie lieben es, Dingen auf den Grund zu gehen. Darum können Sie etwas gut zerlegen. Vielleicht entfalten Sie ja Talente als Reparateur alter Wanduhren. Oder aber Sie betätigen sich als Fossiliensammler in einem Steinbruch.

Allerdings täte Ihnen auch ein bisschen Sport ganz gut. Welcher Art, ist nicht so wichtig: Hauptsache, Sie können Ihren Körper voll einsetzen. Schwimmen, Joggen, Radfahren, Bergsteigen sind ebenso geeignet wie ein Kampfsport. Je nach Einstellung können Sie Boxen wählen oder im lokalen Fußballverein mitmachen.

Sicher interessiert Sie auch alles Mystische. Vielleicht beschäftigen Sie sich mit Okkultismus und werden ein Magier. Und da Ihr Interesse an den dunklen Mächten und Kräften des Menschen ebenso groß ist, veranstalten Sie vielleicht selbst manchmal spiritistische Sitzungen.

Doch wenn Sie gar nicht so aktiv sein wollen und nur mäßiges Interesse an Mystik und dergleichen haben, dann bietet sich als Freizeitbeschäftigung das Sammeln an. Was Sie sammeln, bleibt Ihnen überlassen. Es können Steine, Muscheln, Bücher über alte Kulturen oder rustikale Möbel sein. Womit wir wieder beim Basteln wären ...

Der Skorpion und seine Gesundheit

Es braucht seine Zeit, bis ein energievoller Skorpion wirklich krank wird. Bricht er dann zusammen – nicht plötzlich, meist nach und nach – dann schlummert das Unheil schon lange in ihm. Und wahrscheinlich war es nichts Krankmachendes im medizinischen Sinn, sonder es lag in seiner Seele.

Denn Skorpione neigen oft dazu, Dinge von der düsteren Seite zu sehen und aus ihrem Herzen eine Mödergrube zu machen.

Da werden dann alle Ärger, alle Frustrationen, alle Beleidigungen hinuntergeschluckt und für die große Endabrechnung sorgfältig aufbewahrt. Der Körper aber, dem das nicht behagt, wehrt sich. Und so werden Skorpione krank. Übliche Behandlungsmethoden helfen nichts, denn alles ist tief versteckt.

Dem Arzt verschweigt er die wahren Ursachen (die er/sie wahrscheinlich gar nicht kennt), und das „Herumdoktorn“ an den Symptomen hilft nichts.

Die Krankheiten des Skorpions

Dem Zeichen Skorpion unterstehen die Ausscheidungsorgane.

Es kommt bei Skorpionen eher zu Entzündungen und Infektionen der genannten Region als bei anderen Zeichen. Die Funktionsstörungen dieser Organe können mannigfaltig sein.

Weil sich beim Skorpion so vieles unter der Oberfläche abspielt, ist es oftmals schwierig, die wahre Ursache einer Erkrankung herauszufinden. Möglicherweise liegt sie in seiner Seele, in dem, was sich im Verlauf vieler Jahre und im Verlauf vieler unausgesprochener Frustrationen angesammelt hat.

Weil der Skorpion ein fixes Zeichen ist, kommen Skorpion-Menschen schwer los von ihren Leiden. Oftmals brauchen sie eine gründliche Kur.

Skorpione haben viel innere Lebenskraft. Sie erholen sich nach Krankheiten und Eingriffen meist gut, sofern sie die richtige Lebenseinstellung haben. Das heißt, dass jede Behandlung bei ihnen mit einer Hebung des seelischen Wohlbefindens einhergehen muss. Optimismus, Offenheit und Fröhlichkeit sind auch bei ihnen die besten Heilmittel.

Was der Skorpion für seine Gesundheit tun kann

Angemessene Lebensweise:
Jede einseitige Lebensweise ist schlecht. Das gilt auch für die Tendenz des Skorpions zum Geheimhalten, aber auch zum Ignorieren irgendwelcher Krankheitssymptome.

Skorpione sollten zuallererst auf die Warmhaltung ihrer anfälligen Organe achten. Doch erstreckt sich diese sorgsame Pflege nicht nur auf den Körper. Die Seele ist vielleicht noch wichtiger.

Eine Befreiung von ihren Sorgen oder unterdrückten Frustrations- und Hassgefühlen dient der gesundheitlichen Vorsorge ebenso wie rein körperliche Maßnahmen. Offene Gespräche mit guten Freunden in einer herzlichen, entspannten, humorvollen Umgebung helfen ihnen dabei.

Auch sollten sie Anzeichen für Gesundheitsstörungen nicht ignorieren, sondern einen Arzt aufsuchen und sich gründlich untersuchen lassen und vor allem nichts verschweigen!

Schließlich bringt der Hang der Skorpione, alles gründlich und intensiv zu tun und zu erleben, sie oft in Schwierigkeiten. Ständiger Raubbau an der Gesundheit durch Arbeitsbesessenheit schädigt den Körper auf Dauer. Hier wäre eine ausgleichende Lebensweise angemessen. Auf Arbeit sollte Freizeit und Erholung folgen, die Besessenheit durch Entspannung aufgewogen werden.

Ernährung:
Oft wird Essen als Störung der momentanen Tätigkeit empfunden. Und gelegentlich schlägt die Neigung zu Exzessen auch bei Mahlzeiten durch. Dann achten Skorpione weder auf Qualität noch auf Quantität. Was da ist, wird gegessen, gründlich, aber ohne Freude und Genuss.

Skorpione sollten daher vor allem darauf achten, was sie essen und wie sie es essen. Sie sollten sich Zeit nehmen und ihre Mahlzeiten genießen.

Und belastende oder giftige Nahrungsmittel sind ebenfalls zu vermeiden.

Therapien:
Skorpione brauchen vor allem Entgiftungskuren, zu denen auch das Fasten zählt. Massagen, Sauna und Entschlackungskuren bringen die angesammelten Gifte aus dem Körper.

Daneben sollte die Behandlung der Seele nicht vernachlässigt werden. Rückführungen durch Hypnose oder Suggestionen können oft Tiefverschüttetes zum Vorschein bringen.

Das homöopathische Mittel für den Skorpion ist Kalzium sulfuricum. Als Tabletten in der Potenz D6 ein- bis dreimal täglich regelmäßig genommen, kann es Wunder wirken.

Der Skorpion als Kind

Am besten, Sie vergessen, was Sie über Skorpione, Stachel und Gift gehört haben. Ihr Baby ist im November geboren, es ist ein Skorpion – na und?

Vielleicht war die Geburt ein bisschen schwierig. Es ist ja auch keine Kleinigkeit, ein derart kräftiges, zähes und widerstandsfähiges Kind zur Welt zu bringen. Doch das ist nun überstanden, und man kann Ihnen zu Ihrem Energiepaket nur gratulieren. Sie müssen es nicht in Watte wickeln, es hält noch einiges aus.

Falls ihm wirklich etwas fehlt, macht es sich sehr nachdrücklich bemerkbar. Sie sollten schließlich wissen, dass es seinen eigenen Willen hat, den es auch durchzusetzen gedenkt.

So wie beispielsweise jene, zum Glücke kleine Gruppe von Skorpion-Babys, die auf Muttermilch eingeschworen sind. Sie lehnen jede andere Nahrung mit schier unglaublicher Hartnäckigkeit ab. Es ist klar, dass ihre stürmischen Proteste gegen das Fläschchen einige Aufregung verursachen. Aber letzten Endes kommt selbst der verbohrteste kleine Skorpion darauf, was für ihn gut ist.

Seiner Entwicklung schaden übrigens solche eigensinnigen Anwandlungen kaum. Seine Entwicklung macht erstaunlich rasche Fortschritte, und ehe man sich versieht, steht der kleine Knirps recht sicher auf seinen Beinen. Damit ist er anderen Kindern meist um eine Nasenlänge voraus.

Um Längen voraus wird er vermutlich auch Ihnen sein. Denn er ist der geborene Entdecker, und alles Unbekannte und Geheimnisvolle zieht ihn an.

Zunächst sind das nur Schubladen und Schränke, die er mit ähnlicher Leidenschaft erkundet wie einst Forschungsreisende das Innere unbekannter Kontinente. Bald üben auch Nischen, Abstellkammern und Kellertreppen eine enorme Anziehungskraft aus.

Ihre Versuche, ihm auf den Fersen zu bleiben, versteht er geschickt zu vereiteln, und Sie können von Glück reden, wenn er nicht auch noch die Türen hinter sich versperrt. Das kostet Sie oft viel Nervenkraft, zugegeben.

Aber leider fruchten Verbote wenig, sondern haben oft sogar den gegenteiligen Effekt. Widerstand reizt Ihren kleinen Skorpion und spornt ihn an. Er bietet alle seine Kräfte auf, um jedes Hindernis ganz klar zu überwinden.

Ihnen bleibt natürlich die Möglichkeit, sämtliche Schlüssel abzuziehen und gut zu verstecken. Ob das hilft, ist eine andere Frage. Wenn Ihr kleiner Liebling sie finden will, dann findet er sie. Denn er führt durch, was er sich vorgenommen hat.

Er gehört nicht zu den Kindern, die vor Schwierigkeiten kapitulieren, das lässt sein Stolz einfach überhaupt nicht zu.

Ungestraft nimmt ihm keiner etwas weg, mag der Räuber auch einen Kopf größer als Ihr Knirps sein! Nehmen Sie das zur Kenntnis und verarzten Sie seine Schrammen, ohne ihn allzu sehr zu bemitleiden. Er jammert nicht und verbeißt seinen Schmerz.

Verständnis müssen Sie auch dafür haben, dass er sich oft in sein Zimmer verkriecht. Nicht nur jetzt, da er zweifellos über finsteren Racheplänen brütet, sondern ganz allgemein. Denn erstens ist ein Skorpion fürchterlich nachtragend und vergisst ein angetanes Unrecht lange Zeit nicht. Und zweitens braucht er immer einen Ort, an den er sich zurückziehen kann.

Stören Sie ihn dort nicht, er hat das Verlangen, von Zeit zu Zeit allein zu sein. Und so jung er ist, er legt allergrößten Wert darauf, dass seine Bedürfnisse auch wirklich respektiert werden.

Ihm selbst ist Respekt freilich ein Fremdwort. Schon der winzigste Skorpion ist ein Rebell, der jede Form von Zwang ablehnt. Autorität erkennt er nicht an, denn autoritär ist er selbst!

Sollten Sie glauben, das hätte nichts mit Ihnen zu tun, dann sehen Sie sich vor: Die Parole „Alles hört auf mein Kommando!“ mag sich aus dem Mund Ihres Vierjährigen ja recht lustig anhören. Aber er bleibt nicht immer so klein.

Schon bald wird er seine Macht erproben wollen und wird versuchen, neben seinen älteren Geschwistern auch Ihnen Befehle zu erteilen. Dann ist es an der Zeit klarzustellen, wer hier eigentlich das Sagen hat.

Es ist anzunehmen, dass Ihr Skorpion-Kind Sie nur widerwillig als Kapitän des Familienschiffes akzeptieren wird. Aber je mehr persönlichen Freiheitsraum Sie ihm zugestehen, umso seltener wird es Ihnen Ihren Platz auf der Kommandobrücke streitig machen. Übergriffe erlaubt es sich in der Regel nur, wenn es zu sehr eingeengt wird.

Behandelt man es hingegen als Persönlichkeit, als eine Art Partner, ist leicht mit ihm auszukommen. Es erweist sich dann als erstaunlich vernünftig und zeigt, dass es seinen Altersgenossen in vieler Hinsicht überlegen ist. Und es dankt Ihnen für Ihr Vertrauen, indem es sich eher so verhält, wie Sie es von ihm erwarten.

Das berechtigt Sie jedoch nicht zu der Hoffnung, dass es sich jemals ein Blatt vor den Mund nimmt. Denn es wäre kein Skorpion, hielte es mit seinen Ansichten oder mit Sympathien und Antipathien hinter dem Berg. Die schonungslose Offenheit, mit der Ihr Sprössling seine Kritik äußert, ist durch nichts zu überbieten.

Noch sorgfältiger als seine Freunde sucht er sich seine Feinde aus und lässt sie seine Abneigung deutlich spüren. Sie sollen ein für alle Mal begreifen, wie überaus unsympathisch sie ihm sind.

Dass das peinlich werden kann, ist klar. Speziell dann, wenn seine geradezu brutale Wahrheitsliebe auch vor Ihrer Erbtante nicht Halt macht.

Tragen Sie's mit Fassung! Die Millionen können Sie abschreiben, und Stücke wie „Die widerspenstige Zähmung“ lassen sich mit Ihrem Skorpion eben nur schwer inszenieren.

Wenn es Ihnen ein Trost ist: Sie liebt er. Sie zählt er zu seinen Freunden, denen er mit Herzlichkeit begegnet. Sie können auf ihn bauen, in guten wie in schlechten Tagen. Sie wird er gegen alle Angriffe verteidigen wollen.

Wem er seine Gunst schenkt, bestimmt freilich er allein. Und da – wie bereits erwähnt – alles Ungewöhnliche, Hintergründige auf ihn eine eigenartige Faszination ausübt, werden unter seinen Freunden mit Sicherheit einige sein, die Ihren Vorstellungen ganz und gar nicht entsprechen.

Behalten Sie sie unauffällig im Auge. Setzen Sie sie niemals herab, wenn Sie nicht wollen, dass er sich noch enger an sie anschließt. Bringen Sie ihm die eventuellen Konsequenzen aus solchen Freundschaften möglichst taktvoll nahe.

Er wird Ihre Motive zwar durchschauen, denn er durchschaut viel mehr als Sie ahnen. Da er aber meistens überlegt und mit Bedacht handelt und überdies seinen Vorteil geschickt zu wahren weiß, sind Sie nicht ganz chancenlos.

Dass ein derart komplizierter Charakter, wie Ihr Skorpion-Kind ihn besitzt, nicht überall auf Gegenliebe stößt, liegt auf der Hand und gilt auch für die Schule.

Dort geht die Front zwischen Zustimmung und Ablehnung quer durch die Klasse, und die Lehrer verteilen sich gleichmäßig auf beide Parteien. Ihre Urteile können vom höchsten Lob über Ihren Sprössling bis zu bitteren Klagen über ihn reichen.

Tatsächlich stehen seine Wissbegierde und sein Ehrgeiz außer Zweifel. Sein Denken ist präzise und logisch. Seine Leistungen sind jedoch an seine Gefühle gekoppelt. Für Menschen, die er liebt, ist er bereit, jedes Opfer zu bringen.

Da Lehrer auch nur Menschen sind, findet er stets ein paar Objekte seiner Zuneigung, für die es sich lohnt, das Äußerste aus sich herauszuholen. Die anderen jedoch – nun ja, denken Sie an Ihre Tante, dann wissen Sie Bescheid!

Seine Lust, die Umgebung zu schockieren, macht eine objektive Beurteilung nicht gerade leicht. Daher herrscht in der Tat oft ein Missverhältnis zwischen seinem eigentlichen Wissen und seinen Zeugnisnoten.

Was man ihm ebenfalls vorwirft, und zwar mit Recht, ist sein mangelnder Teamgeist. Er fügt sich nur schwer in ein Gruppe ein, es sei denn, seine Rolle als Anführer steht von vornherein fest. Selbst dann aber bedeutet ihm das gute Abschneiden seiner Fußballmannschaft lange nicht so viel wie die zwei Zentimeter, um die er seinen ärgsten Konkurrenten beim Hochsprung übertroffen hat.

Geben Sie ihm deshalb die Möglichkeit, sich als Einzelkämpfer zu bewähren, so baut er Stress und Aggressionen am besten ab.

Und tadeln Sie ihn nicht zu heftig, falls seine Schulerfolge zu wünschen übrig lassen. Darunter leidet er ohnehin genug.

Wie sehr, das zeigt er Ihnen nicht. Das gehört in jenen tiefsten Bereich seiner Seele, den er auch vor Ihnen verschließt.

Vermuten Sie dort keine dunklen Abgründe. Es sind meistens viel harmlosere Dinge, die er dort eifersüchtig hütet. Er spielt nicht gerne mit offenen Karten, Ihr kleiner Skorpion.

Ihm seine Geheimnisse entreißen zu wollen, wäre aber nicht nur unklug, sondern für ihn sogar schädlich.

Sie können sie nur erfühlen, vorausgesetzt, Sie besitzen dafür Gespür. Dann werden Sie ihn auch richtig lenken können.

Der Skorpion in der Liebe

Der Skorpion-Mann in der Liebe

Um es klar auszudrücken, ein erfahrener und sich seines kosmischen Erbes voll bewusster Skorpion-Adam ist der absolute Fachmann und ein wahrer Meister aller Leidenschaften.

Für unseren ausdauernden, erotisch begabten Helden ist jede Erfahrung auf diesem Gebiet menschliche Selbsterkenntnis.

Diese für andere hemmungslose, alle Normen hinwegfegende Leidenschaftlichkeit unseres zählen Skorpion-Adams ist oft ein Fluch, oft aber auch eine Befreiung für ihn. Um sich selbst finden zu können, muss unser Held alle zwischenmenschlichen Höhen und vor allem Tiefen von Partnerschaft und Liebe durchleben, um immer wieder intensiv auf allen Ebenen seiner Sinne zu spüren, dass er endlich die volle Verantwortung für sein Leben übernehmen muss.

Denn durch seinen absoluten sinnlich-emotionalen Anspruch an seine Partnerin, zwingt er sie dazu, sich ihm vollends und ohne Skrupel auf ewig hinzugeben und sich ihm mit Haut und Haaren ganz auszuliefern.

Die Begriffe Hörigkeit und seelisch-geistiger Zwang durch allzu starke und abhängig machende sinnliche Bindung haben hier oft ihre Berechtigung.

Nun denn, unser Skorpion-Mann gehört mit all seinen Vorzügen und natürlich auch Nachteilen wie jedes andere Tierkreiszeichen auch zur Stammbesetzung der irdischen Schauspielertypen und Charaktere.

Jeder dieser Charaktere sucht im wilden, vitalen Schauspiel und Spektakel der menschlichen Tragik-Komödie durch all den Wust und das Gerangel menschlichen Wollens und Handelns das Licht des göttlichen Erbes zu entdecken.

Am Anfang wird unser Skorpion-Adam dieses vermeintliche Ur-Licht der sinnlich erfahrbaren Wahrheit als leuchtendes Ideal mit sich führen.

Natürlich fliegen alle Motten in sein Licht und werden sich dort auch verbrennen, aber das Stirb-und-Werde-Prinzip des Skorpions verspricht seinen „Opfern" eine sehr intensive Erfahrungsbereicherung.

Ein wahrhaft gewaltiges und tödliches Abenteuer, ist doch dieser Zaubertrank der Schöpfung, ein nicht zu verharmlosender Schlüssel zum Geheimnis der Menschwerdung und Wiedergeburt.

Unser Skorpion-Mann hat zu jeder Zeit und in jeder Sekunde seines Lebens die Chance, als wiederauferstandener Phönix aus der Asche seiner ausgelebten Existenz aufzusteigen. Dies macht ihn so magisch und so unendlich interessant für andere Menschen. Hat er doch dieses kosmische Talent, seine persönliche Umgebung und seine nächsten Partner allein durch sein Dasein, durch

sein magisches Wirken und mit seinem existentiellen Befreiungsstreben auszustechen.
Er wirkt regelrecht als Katalysator für andere Persönlichkeiten und deren Schicksalslage. So wird augenscheinlich verständlich, dass gerade für einen intensiv lebenden Skorpion-Mann das Thema Liebe und Partnerschaft ganz besonderen Reiz hat.

Seine extreme Lebenseinstellung und der gewaltig bindende und alles verpflichtende sinnlich-emotionale Anspruch an seine Umwelt ist ebenso bedrohlich wie anspornend und erneuernd für andere wie für ihn selbst.

So wird es für unseren Helden sehr selten zu einer seichten und oberflächlichen Beziehung kommen, das ist für ihn zu einfach und zu leblos. Nein, er muss besonders mit seiner wollüstigen Herzens-Liebe diesen Stachel des gegenseitigen Begehrens und Wollens in all seinen Körperzellen ekstasisch vibrierend wahrnehmen können.

Dadurch verlang er oft zu viel von seiner Partnerin und sieht nicht, wie sie sich verausgabt, ohne sich wie er aus seinen nie versiegenden Quellen der sinnlichen Erfahrung regenerieren zu können. Persönliche Verkettung und seelisch-körperliche Abhängigkeit können die Folgen sein.

Oft hilft nur ein Todesstoß, um dieser partnerschaftlichen Quälerei ein Ende zu machen. Das Ende vom Anfang oder Anfang vom Ende? Keiner weiß es, nur unser Held ahnt es. Doch er gibt sein Geheimnis niemals preis.

Die Skorpion-Frau in der Liebe

Auch sie unterliegt den kosmischen Ansprüchen und astrologischen Wesenskräften ihres faustischen Tierkreiszeichens.

Da dieses Zeichen den männlichen Kräften des Mars und des Pluto zugeordnet ist, bekommt ihre natürliche Weiblichkeit eine sinnlich aggressive und oft besitzergreifende Handlungsstruktur.

Sie ist keine leise duldsame und sehnsüchtig hingebungsvolle Eva. Sie ist eher ein Wirbelsturm der Sinne und des Begehren-Wollens. Ihre Partnerwahl gestaltet sich in den meisten Fällen derart, dass sie bei für sie attraktiven, aber zu schüchternen Männern die männlich direkte Rolle des Eroberns übernimmt.

Sie kennt, wie ihr männliches Tierkreiszeichenpendant, keinerlei Hemmungen, sich zu ihren wahren Absichten und Zielen zu bekennen und diese auch mit allem Nachdruck und Skorpionbetonter Verführungskunst zu verwirklichen.

Der Begriff Liebe existiert für unsere tiefsinnige Skorpion-Eva nie ohne den direkten Beigeschmack von erfüllter, leidenschaftlicher Sinneslust. Von platonisch-freundschaftlichen Verhältnissen hält sie im Grunde überhaupt nichts. Was die mehr mystischen Hintergründe angeht, so ist die für den Skorpion typische absolute Sehnsucht nach dem alles auflösenden Höhepunkt der Sinneslust ein wesentliches Motiv ihres Hanelns. Ihre körperliches Bewusstsein, das sich in jeder Zelle nach der Befreiung von der Gebundenheit an eine irdische Manifestation sehnt, sieht also in dem Liebestaumel einen Ausweg aus diesem irdischen Dilemma, wenn auch nur für einen kurzen Augenblick.

Diesem Rausch eines kurzen Moments gilt ihr ganzes Interesse, und sie wird sich von nichts und niemandem davon abbringen lassen, so oft wie es nur möglich ist, diese in ihrem Leben zu erfahren und dadurch mit der Zeit zu einer reifen und sinnlich äußerst begabten und erfahrenen Frau zu werden.

Ihr Anspruch an den männlichen Partner ist daher verständlicherweise sehr hoch. Besonders in jungen Jahren wird sie sich auf dem Markt der freien Herzen umschauen, was es denn nun mit diesen Männern so auf sich hat.

Wie eine Spinne lauert sie manchmal auf etwas schwächere Typen, die sie dann von sich abhängig zu machen versucht, was ihr auch in den meisten Fällen gelingt: wahrlich kein ungefährliches Spiel für Männer.

Doch es gibt auch noch eine andere, etwas zahmere Variante unseres Skorpion-Mädchens, die nicht gleich ihrem Liebhaber den Stachel der Lust durch die Brust bohrt. Diese etwas gemilderten, mehr verinnerlichten Skorpion-Menschen richten den giftigen Stachel des Verderbens und des Todes im Grunde nur gegen sich selbst.

Unergründlich ist ihr Leben und ihre Einstellung zu ihrer Sinneswelt. Ihre Wahrnehmung und Lebensweise sind mehr von dunklen Schatten einer grüblerischen und depressiven Stimmung umhüllt.

Nur selten offenbart sich solch eine Skorpion-Eva ihrem Partner gegenüber voll und ganz. Nein, sie wartet, dass sie aus dem dunklen Verlies ihres sinnlich-emotionalen Verstricktseins durch die helfende, starke männliche Hand zu einem Ort der Lauterkeit und Heiterkeit geführt wird. Wahrlich, Glück und Erfolg dem Helden, dem es gelingt, ihre Liebe und ihre vollendete Weiblichkeit zu gewinnen. Sie wird ihm ihre Liebe ganz und gar schenken.

Der Skorpion-Mann und seine Partnerinnen

Skorpion-Mann und Widder-Frau
Hier treffen sich im Grunde zwei unersättliche Erotiker, die das seltsame Glühen und Begehren in des anderen Augen wohl sofort richtig verstehen und keine großartigen Umwege machen.

Die magische Kraft unseres Skorpion-Helden und die darauf sofort reagierende Weiblichkeit einer Widder-Eva verbinden sich in dieser kosmischen Konstellation zu einem wahren Freudenfest der Sinnlichkeit.

Hier ist weniger die Rede von einer hochgeistigen Beziehung, sondern die einzige und stabile Antriebsfeder für eine dauerhafte Partnerschaft ist hier die ausgelebte Körperlichkeit.

Was einer dauerhaften Partnerschaft im Wege stehen könnte, kann die Unüberlegtheit und oft platt erscheinende Einfachheit der Widder-Eva für den cleveren und alles berechnenden Skorpion-Mann sein.

Was unser Magier der Sinne mit Kalkül und scharf beobachtendem Erkenntnisdrang im alltäglichen Leben inszeniert und geschickt vorausplant, ist für unsere einfache und frische, stolze Widder-Lady oft viel zu komplex und mit allerlei „Seelenkram“ belastet, um den sie sich nicht kümmern will: „Soll er doch machen, was er will, ich meinerseits handhabe dies viel einfacher und klarer“.

Sprach's und wendet sich dem nächsten Liebhaber zu. Das wird unserem Helden natürlich ganz schön zu schaffen machen, hat er doch bis jetzt fast jede Frau von sich abhängig machen können, sodass er ungestört seinen versponnenen und undurchschaubaren „Hobbys“ nachgehen konnte.

Nun, da wird sich unser Skorpion-Adam bei unserer freiheitsliebenden Widder-Eva schon etwas Neues einfallen lassen müssen, um sie zu halten. Hat sie doch eine so prickelnde Ausstrahlung zu bieten, deren spontane Intensität er nicht mehr missen möchte.

Aber so naiv wie sie dem Skorpion-Mann erscheinen mag, ist sie nicht. Unser Held wird sich mit ihrer eindeutigen Entscheidung wohl oder übel abfinden müssen.

Skorpion-Mann und Stier-Frau

Ganz so unschuldig, wie sie tut, ist sie wirklich nicht. Sie weiß genau, was auf sie wartet, falls sie sich auf ihn einlässt.

Natürlich muss er sie auf Knien bitten, und das Telefon wird pausenlos bei ihr klingeln; Blumen und Geschenke häufen sich in ihrer Wohnung, so lange, bis sie endlich nachgibt und ihm eine Audienz gewährt.

Auch in dieser kosmischen Konstellation der beiden sich im Tierkreis gegenüberliegenden Tierkreiszeichen von Skorpion-Mann und Stier-Frau ist eigenlich vom ersten Moment der Begegnung eindeutig klar, um was es beiden hauptsächlich geht: Vom Gaumenkitzel eines gemeinsam exzellenten Abendessens, über die geleerten Gläser eines teuren Champagners, bis zu den wohlriechenden und gut gepolsterten Gemächern werden beide Schritt für Schritt die Leiter zum höchsten Genuss verspielt neckisch oder auch dramatisch exzessiv Sprosse für Sprosse erklimmen.

Es sei denn, unser männlicher Held wäre eher ein „verhuzelter Gnom“. Dies würde unserem sonst so zarten und schüchternen Stier-Mädchen nicht in ihr ästhetisches Weltbild passen, umgibt sie sich doch viel lieber mit den schönen Dingen dieser Welt.

Doch gerade in einer Partnerschaft mit unserem bisweilen schon mal dunkel und düster wirkenden Skorpion-Mann lernt unsere scheue Venus-

Eva das Leben von einer Seite kennen, die mit venushaftem, schöngeistigem Getue und dergleichen Anschauungen nicht viel im Sinn hat und nach einer nüchternen Betrachtungsweise des alltäglichen Lebens verlangt.

Das wird sie natürlich im Umgang mit unserem Helden einige Tränen kosten, und ihren Besitzanspruch an seine Liebe wird sie wohl oder übel korrigieren müssen, denn nur wenn sie alles zu geben bereit ist, wird er sich in ihrer Nähe niederlassen.

Doch die Stier-typische Angst, sich dabei zu verlieren, ist für ihn kein Argument, ihr weiterhin das Händchen zu halten.

Skorpion-Mann und Zwilling-Frau
Natürlich wird er gegen einen netten, hitzig-hektischen Flirt mit einer spritzigen und gewandten Merkur-Lady nichts einzuwenden haben, es sei denn, ihre oberflächlich wirkende Verspieltheit ginge ihm auf die Nerven.

Nun ja, eine aufregende und nette Bereicherung für unseren Helden, weiter nichts. Hat er doch lange nicht mehr ein Verhältnis mit so einem quirligen und flatterhaften weiblichen Wesen gehabt.

Eine Partnerschaft also, deren Beginn und Fortbestand eher vom Wollen und Begehren unseres Skorpion-Adams abhängig ist. Selten wird es eine luftbetonte Zwillings-Eva schaffen, einen in sich vertrockneten, tragisch-verstrickten Skorpion-Mann aus dem Gefängnis seiner festgefahrenen Ansichten herauszulocken.

Fehlt es doch unserer mehr aus der Verstandeswelt lebenden Zwilling-Eva an dem direkten menschlichen Zugang zu den tiefsten Seelenschichten, in denen sich unser Held nur allzu gerne häuslich einrichtet und sich genüsslich bis selbstzerstörerisch darin aalt.

Die ist die kosmische Sollbruchstelle in dieser Partnerschaft, die im Grunde nur schwerlich eine werden kann, liegen doch Anspruch und Verwirklichung beider Tierkreiszeichenvertreter auf ganz anderen Ebenen des menschlichen Seins.

„Nun gut, war wohl nichts", wird sich unsere Merkur-Dame sagen und ihrem seelisch allzu einengendem Liebhaber zum Abschied versöhnend die Hände reichen. Der Funke war da, die Wasser der Leidenschaften zum Kochen zu bringen, doch es mangelt am gemeinsamen „Brennholz".

Skorpion-Mann und Krebs-Frau

Nun, hier wird sich eine Begegnung der dritten Art abspielen. Treffen sich doch hier eine herbe Männlichkeit und eine bewusst verspielte, vorsichtige, natürliche Weiblichkeit.

Im ganzen Tierkreis ist wahrscheinlich die Krebs-Frau die Einzige, die einen allzu dämonisch lebenden Skorpion-Mann aus seinen höllischen Verstrickungen durch ihre bedingungslose und restlos aufopfernde Liebe befreien kann.

Die Gefahr dabei, schamlos von ihm missbraucht zu werden, will und kann sie bei ihm auch erst nicht erkennen.

Bestünde denn sonst keine Chance mehr, diesen gefallenen männlichen Juwel der Schöpfung wieder mit göttlich-klarem Licht zu versehen? Und genau diese aufopfernde Herzensliebe zu ihm ist es, die ihn mit der Zeit gleichsam alchemistisch läutert und immer mehr zu einem reiferen und hell strahlenden Menschen verwandelt.

So lange, bis er in dem wundersam rein und klaren Spiegel ihrer Weiblichkeit keinen Schmutz und keinen Kratzer mehr in seinem Gesicht erkennen kann.

Dies kann eine erfüllte und für beide Seiten befreiende magische Partnerschaft werden.

Skorpion-Mann und Löwe-Frau
Im Grund ist dies eine etwas seltenere Kombination von zwei Tierkreiszeichen. Treffen sich hier doch zwei zu selbstbewusste Persönlichkeiten, die unbedingt immer und überall ihre persönlichen Ziele und Absichten durchsetzen wollen.

Und das würde in diesem Fall zu einer permanenten Streiterei und Rechthaberei ausarten, wenn da nicht so eine unterschwellige Anziehungskraft wäre, die sich beide eigentlich nur über die Eindeutigkeit des beiderseitigen Wollens erklären können.

Sicherlich ist so eine überaus stolze und lebensfrohe Herzenskönigin keine üble Partie für unseren geborenen Casanova.
Aber die freiheitsliebende Löwe-Dame mag es nun mal einfach nicht, wenn mit ihr undurchsich-

tige magische Experimente gemacht werden, die sie von ihm abhängig machen sollen.

Ihr missfällt gespenstische Geheimnistuerei, die die anderen beeindrucken soll. Das wird sich unser Skorpion-Adam bei ihr ganz einfach „abschminken“ müssen.

Unsere Sonnen-Königin bietet ihm zum ersten Mal in seinem Leben dafür einen Platz in der freien Natur ihrer herzlichen Sonnenkräfte an; einen Platz also, wo dunkle, verschwiegene und tief schürfende Seelenexperimente einfach völlig fehl am Platz sind.

Das Gold ihres Herzens möchte er nur allzu gerne besitzen, und er wird sich daher anfänglich von seiner besten Seite zeigen, um der Herzenskönigin seinen Wert zu beweisen.

Doch sie wird ihm schnell auf die Schliche kommen und ihn vor die Qual der Wahl stellen: „Entweder du änderst dich oder du hast mich heute zum letzten Mal gesehen“.

Einem schnöden, wenn auch erotisch begabten Räuber wird sie niemals gestatten, das Gold ihres Herzens zu rauben.

Im Großen und Ganzen eine Partnerschaft, die nur durch Toleranz glücklich werden kann. Das gilt auch für unsere bisweilen allzu eigensinnige, mächtige Löwen-Dame. Denn beide Tierkreiszeichen wollen gerne über andere herrschen und regieren.

Skorpion-Mann und Jungfrau-Frau

Im Prinzip kann dies eine sich ergänzende und wohl temperierte Partnerschaft sein. Der leidenschaftlichen Hitze und Glut unseres Helden steht die eher kühle und vorsichtige Erotik einer Jungfrau-Maid gegenüber, die seinen Überschwang und seine Exzesse geschickt für sich arbeiten lassen kann.

Einer gut aussehenden und etwas mutigeren Jungfrau-Eva wird es schon gelingen, ihm seine Flausen mit Sachverstand und Einfühlungsvermögen auszutreiben und seinen einseitigen Gefühlshaushalt aufzulockern. Nur sollte er schon mit ihrer Taktik einverstanden sein, denn gegen seine Willensentscheidung kommt sie nicht an.

Was er noch von unserer Jungfrau-Maid lernen kann, ist der vernünftige, energetische Umgang mit seinen körperlichen und geistig-seelischen Kräften.

Im Grunde eine aufrechte Beziehung, in der sich die beiden wahrhaft talentierten Meister der persönlichen Kritik am anderen gegenseitig die Waagschalen halten können.

Hier kann jeder durch den anderen an seinen Fehlern und menschlichen Schwächen arbeiten. Also mehr eine arbeitsreiche und lernorientierte Partnerschaft.

Skorpion-Mann und Waage-Frau

Hier liegen sich zwei Menschen in den Armen, deren wahre Berufung und Erfüllung auf gänzlich verschiedenen Ebenen liegt.

Einer längerfristigen Partnerschaft wird unsere hübsche, adrette und begehrenswerte Waage-Dame von Welt geschickt aus dem Wege gehen. Riecht sie doch förmlich den tiefen Sumpf seiner gefühlsmäßigen Verstrickungen. Damit will sie letztendlich nichts zu tun haben.

Unser Skorpion-Adam bemerkt diese innere Abkehr von ihm sofort und möchte trotzdem nicht so schnell diese herzliche, vergnügungsbetonte Frau aus seiner sinnlich-seelischen Umklammerung herauslassen.

Dies stachelt ihn zu absonderlichen Versuchen seiner Verführungskunst und seiner männlichen Ausstrahlung an. Sicherlich wird er sie das eine oder andere Mal wieder herumbekommen, doch in den wenigsten Fällen wird es zu einer ergiebigen und erfüllten Partnerschaft zwischen dem ätzend wirkenden Skorpion-Mann und der labilen Waage-Dame kommen.

Sie sehnt sich nach höchster Harmonie von Geist, Körper und Seele. Unser Held hingegen verlangt aber die sklavische Abhängigkeit allen Bemühens und Strebens menschlicher Natur von der sinnlich-emotionalen Begierde, die bei ihm permanent nach Höherem strebt.

Skorpion-Mann und Skorpion-Frau
Falls sich hier zwei persönlich und charakterlich entwickelte Menschen gemeinsam auf den beschwerlichen Weg einer Partnerschaft machen, so können wir ein wahrlich abenteuerreiches Leben erwarten.

Eine innige, geheimnisvoll magische Verknüpfung zweier Menschen, die man nur selten miterleben kann; lassen doch beide Außenstehenden keinen Einblick in ihr intimes Zusammenleben und Erleben.

Diese gegenseitige, unbedingt notwendige Umklammerung auf allen Ebenen von Körper, Geist und Seele ist einerseits eine großartige Stütze und Hilfestellung in den schwachen Stunden und in Zeiten, in denen das Schicksalsmeer mit brachialer Gewalt an die Ufer menschlicher Existenz tobt.

Andererseits ist diese absolute Zweisamkeit von Skorpion-Mann und Skorpion-Frau auch ein Gefängnis der Leidenschaften und der Begierden – oft gewähren sie sich keinen Ausgang mehr daraus, denn sie haben doch beide diesen faustischen Pakt geschlossen, in dem sie sich gegenseitig gleichsam ihre Seelen verkaufen, um in den größtmöglichen Genuss von dem anderen du zu kommen.

Daraus kann aber mit der Macht und Ohnmacht der alltäglichen Gewohnheiten leicht ein gegenseitiges Abkochen auf der kleinen oder großen Flamme ätzender Kritiksucht entstehen.

Dies resultiert aus der scheinbaren Endgültigkeit der Verderbens, in das sich beide blindlings hineinmanövriert haben. In diesem Stadium einer Skorpion-lastigen Partnerschaft hilft nur eine endgültige Trennung, die aber freiwillig und mit beidseitigem Einverständnis vollzogen werden sollte.

In dieser Beziehung kann der Kampf der Geschlechter ein Leben lang geführt werden, zeichnen sich beide Partner auch noch durch Zähigkeit und durch die Treffsicherheit ihres giftigen Stachels aus. Dieser entdeckt sofort die ungeschützten Partien des anderen und kann dies oft schamlos ausnutzen. Wirklich keine leichte Beziehung.

Skorpion-Mann und Schütze-Frau
Unser Held wird in den meisten Fällen das Nachsehen haben.

Lässt sich doch unsere lebensfrohe und dynamische, feurige Amazone aus dem Geschlecht der schnellen, freiheitsliebenden Schützen nicht so ohne weiteres in sein sinnlich-emotionales Gefängnis stecken.

Unsere Schütze-Lady mag es auch nicht, wenn ihr jeder Fehler, den sie in ihrem seelisch-geistigen Überschwang nicht sogleich bemerkt und korrigiert hat, immer wieder aufs Neue unter die Nase gehalten wird. Darin kennt unser Skorpion kein Erbarmen.

Sicher wird sie in den begeisterten Anfängen ihrer Liebe leicht und locker darüber hinwegsehen, aber auf Dauer ist seine ätzende und verletzende Kritiksucht nicht gerade Balsam für ihr Schütze-Herz. Für sie ist unser eifersüchtiger Skorpion auf Dauer eher ein Klotz am Bein; sind es doch die vielen Freunde und Bekannten in aller Welt, die ihr Leben erst so wertvoll machen und nicht so eine Kleinkrämerseele, die nicht in weiten und großzügig angelegten Bahnen denken und fühlen kann.

So wird sie auch nicht lange bei ihm verweilen und sich vor seinem für sie arg „verkorksten" Leben aus dem Staube machen.

Skorpion-Mann und Steinbock-Frau
Nun, was dem einen die Fesseln seiner Leidenschaft sind, sind für den anderen die Fesseln seiner Prinzipien.

In diesem Sinne einander nicht unähnlich, könnten sich Skorpion-Adam und Steinbock-Eva auf wundersame Art und Weise gegenseitig ergänzen.

Auf Grund seiner ungestümen leidenschaftlichen Glut könnte sie mit der Zeit aus ihrem Dornröschen-Schlaf der falschverstandenen Tugendhaftigkeit aufwachen. Er würde durch geistig-seelische Klarheit ihres Wollens und Handelns endlich ein neues Bild von sich und seinem kosmischen Erbe bekommen. Einem Erbe, dem er manchmal nicht gewachsen scheint. Dann sucht er sich, nach Luft ringend, aus dem stickigen Sumpf seiner Emotionen zu befreien.

Sie wird ihm ein Ankerplatz sein, an dem er sein Lebensschiff, müde und zerschlagen vom Kampf mit Liebe, Wut, Lust und Hass einfach festbinden kann, um sich endlich auszuruhen und seine Wunden zu lecken.

Trotz ihrer zarten gebrechlich wirkenden Erscheinung ist sie eine zähe und belastbare Mitstreiterin im alltäglichen Kampf ums Überleben; das hat er nicht erwartet. Im Grunde eine würzige und recht erfolgreiche, arbeitsteilige Partnerschaft, in der von hohen Idealen und menschlichen Zielen der Verwirklichung gerade in Verbindung mit der sinnlich-emotionalen Erlebniswelt oft die Rede sein wird.

Skorpion-Mann und Wassemann-Frau
Eine partnerschaftliche Verbindung, in der es auf Dauer gesehen eher kriselt, und die von dunklen Wolken gereizter Stimmungen durchwandert wird.

Begegnen sich hier doch wieder zwei ausgesprochen rechthaberische Dickköpfe, die unbedingt an den Erfahrungen und Erkenntnissen vergangener Zeiten festhalten müssen und dabei oft den neuen, vitalen Reiz des Lebens übersehen.

Eine Partnerschaft also, in der leicht die Schwächen und Vorlieben des anderen missachtet und bloßgestellt werden – und sei es nur aus purer Lust am Streiten. In dieser astrologischen Kräftekombination wird es die beschwingte, herzliche Liebe sehr schwer haben, Fuß zu fassen.

Beiden fehlt doch die gelassene Betrachtung der Dinge. Unser Skorpion-Adam wie auch die exzentrisch eigenwillige Wassermann-Frau finden erst im Kennen und Verbessern der menschlichen Fehler und Schwächen ihren wahren Sinn und ihre Aufgabe in diesem Leben.

Noch lange werden sie sich gegenseitig bevormunden, bis sie bemerken, dass der Herbst ihres

Lebens vor der Türe steht und es an der Zeit ist, die Ernte ihres gemeinsamen Lebens einzufahren.

Wehe denen, die vor lauter Persönlichkeitsprofilierungen und Kritiksucht vergessen haben, ihr Feld zu bestellen.

Skorpion-Mann und Fische-Frau
Welcher herrlich erfrischende Frau für unseren grüblerischen und selbstzerstörerisch wirkenden Skorpion-Mann.

Sie wird ihn mit ihrer kindlich naiven Art gekonnt auf das Lebensgebiet der Fische zu ziehen verstehen – in einer Welt des unendlichen Strömens von Gefühlen und Vorstellungen.

Natürlich ist er auch restlos von ihrer unbeschreiblichen, weiblichen Erotik begeistert, hat er doch in ihren sinnlich-emotionalen Talenten endliche eine ihm ebenbürtige Partnerin gefunden.

Sie ist für ihn die ewig junge, verführerische Zigeunerin, die es gilt, jedes Mal aufs Neue zu erobern. Er ist für sie ein begehrenswerter Don Juan, ein Magier in Sachen Liebe, der ihre spielerische Weiblichkeit vollends versteht und auch tolerieren kann.

Ihrer scheinbaren Haltlosigkeit in den alltäglichen Dingen steht er eher gelassen gegenüber, weiß er doch um ihre mediale Vorausschau, schon im rechten Moment das Rechte anzupacken. Ein recht abwechslungsreiches und intensives Liebespaar.

Die Skorpion-Frau und ihre Partner

Skorpion-Frau und Widder-Mann
Das ist in der Tat eine hochbrisante Partnerschaftskombination. Eine magisch körperliche Anziehungskraft wird die beiden unwiderstehlich zusammenbringen und einen wahren Feuersturm der Leidenschaften entfachten.

Denn unsere sinnlich betonte Skorpion-Eva wird es bei unserem wilden und ungezügelten Widder-Adam wohl zu schätzen wissen, dass er ohne viel Umschweife und die üblichen moralisierenden Eroberungsstrategien direkt und stürmisch-männlich zur Sache kommt. Doch sollte sie dabei schon eine starke und „umwerfend“ weiblich-erotische Ausstrahlung haben.

Auf eine nach innen gekehrte und dunkel-belastende Friedhofs-Blume hat er keine Lust. Sie sollte ihren Stachel der Lust nicht gegen sich selbst richten, sondern unseren Mars-Adam damit immer wieder aufs Neue reizen und ihn für noch größere Anstrengungen in Sachen Partnerschaft anregen.

Doch dann könnte das wiederum einen ärgerlichen Nachgeschmack bei unserem stolzen, aber auch oft einfältigen Liebhaber hervorrufen, ist er doch nicht nur die „Triebfeder“ ihres Lebens.

Auch er will nicht zu kurz kommen und sich ungebunden ausleben. Die allzu seelisch verkettende, heiße Liebschaft mit unserer Skorpion-Eva wird ihn unweigerlich in eine partnerschaftliche Sackgasse der eifersüchtigen und dann peinigenden erotischen Abhängigkeit mit diesem „Teufelsweibe" führen.

Und sie möchten diesen einmaligen Liebhaber nicht missen. So führen sie beide Hand in Hand in eine sinnlich-emotional treibende Abhängigkeit voneinander.

Eine tragische Beziehung also, wenn nicht höher stehende geistige Ziele in den Mittelpunkt ihrer Partnerschaft rücken werden.

Mit der Sinnlichkeit, die dann noch übrig bleibt, hätten die beiden wahrlich noch genügend leidenschaftliche Glut und emotionale Hitze, um sich in kältesten Winternächten aneinander zu wärmen.

Skorpion-Frau und Stier-Mann
Auch hier haben wir es mit einer magisch-sinnlichen Anziehungskraft zwischen den beiden Vertretern der Tierkreiszeichen zu tun.

Ein Stier-Adam, der sich nach ewiger üppiger Lust und Sinnlichkeit verzehrt, und eine der Skorpion-Evas, die sich ihres erotischen Verlangens und Bedürfnisses sehr wohl bewusst ist, können aufeinander eine ungeheure Anziehungskraft ausüben. Und beide stürzen sich in die heiße Schlacht um die Vorherrschaft. Dies macht am Anfang dieser außerordentlich heftigen Liebesaffaire noch so richtig Lust und Laune.

Doch mit der Zeit gewinnen Gewohnheiten und eingefahrene Verhaltens-Rituale die Oberhand in der an sich würzigen und beide Seiten befriedigende Partnerschaft.

Schnell und gezielt haben beide sich bis an die Grenzen des menschenmöglichen Genusses getrieben – wollen doch beide unendliche Sinnlichkeit in ihrem irdischen Leben durchleben.

Doch diese Gefahr einer einseitigen Lebenseinstellung wird sich nur allzu schnell als gefährlicher Bumerang erweisen. Dann lässt unsere Skorpion-Eva garantiert als Erste diese verzwickte Partnerschaft fallen.

Trotz aller Sinnlichkeit kann diese Beziehung leicht zu einem Jammertal der Tränen werden, da dem Ganzen ein allzu irdisch-materielles Bewusstsein von Nutzen und Verbrauch zugrunde liegt. Diese Partnerschaft hat nur dann Bestand, wenn beide Partner den Unterschied von Haben und Sein restlos verstanden haben und ihre verderblich wirkenden Besitzansprüche an den Partner zurückstellen. Keine leichte Partnerschaft.

Skorpion-Frau und Zwilling-Mann
Für eine emanzipierte Skorpion-Frau ist dies eine ideale Liebschaft für vergnügliche Zeiten ohne den Anspruch, sich in eine wilde und leidenschaftliche Beziehung stürzen zu müssen.

Natürlich hat unser mehr geistig ausgerichteter Zwillings-Adam, dem es an erotischer Ausstrahlung bestimmt nicht mangelt, höllischen Respekt vor ihr und ihrem absoluten Anspruch an Liebe und Leidenschaft.

Dies wird ihn auf Distanz zu ihr halten, und er wird sich geschickt aus ihrem sinnlich-seelischen Würgegriff befreien.

Ab und zu werden sie sich schon treffen, aber es wird die Hölle, falls beide wirklich vorhaben sollten, zusammen unter einem Dach wohnen zu wollen.

Diese Beziehung lässt ihm einfach zu wenig Luft zum Atmen und verlangt von ihm viel zu viel an Stetigkeit, die er dann unter diesen überzogen emotionalen und erotischen Ansprüchen schnell nicht mehr halten kann.

Also doch lieber getrennt wohnen, sich gelegentlich je nach Lust und Laune mal wieder sehen und auseinander gehen, bevor das Kriegsbeil ausgegraben wird.

Skorpion-Frau und Krebs-Mann
Im Prinzip ist dies eine ideale Partnerschaftskonstallation; erfahren doch die Sinnsuche des hypersensiblen Krebs-Mannes und die faustische, nach tiefsten emotionalen und sinnlichen Schichten suchende Weiblichkeit einer Skorpion-Eva eine ideale Ergänzung.

Unser gebildeter und verschrobener Krebs-Mann hat ein weiblich-intuitives Bewusstsein und ein starkes sinnliches Bedürfnis, sich mit einer Frau innig und auf allen möglichen Ebenen der Wirklichkeitserfahrung zu verbinden, auf dass beide Persönlichkeitskerne in Harmonie verschmelzen können.

Das braucht unsere Skorpion-Eva ganz besonders, sucht sie doch nach dieser magisch mystischen Urheimat im körperlichen Erleben ihrer Persönlichkeit.

Entweder ist sie höllischer oder himmlischer Natur, einen Kompromiss wird sie niemals ertragen können. So macht sie sich auf die Suche nach dem verborgenen Licht im Menschen und entzündet meist so nebenbei bei jedem männlichen Partner, dem sie auf ihrer Lebensreise begegnet, die schwelende Glut der Leidenschaften.

Doch da kommt sie bei unserem Mond-Mann genau an den Richtigen. Er ist im Grunde ein untypischer männlicher Vertreter von mehr weiblich-intuitiver Natur. Er sieht ihre ungeheure sinnliche Energie und kann sie, wenn sie ihn liebt, auf einen partnerschaftlichen Weg einer innig und vollendet gelebten Zweisamkeit führen.

Hier lernt unsere Skorpion-Eva einen ganz anderen Aspekt ihres sinnlich-emotionalen Lebens kennen, den sie bis dahin noch gar nicht wahrnehmen konnte.

In unserem intuitiven Krebs-Mann sieht sie sich, wie sie ist, gleichsam wie in einem Spiegel und bekommt dadurch eine Chance, sich selbst zu korrigieren.

Eine anspruchsvolle und äußerst erlebnisreiche Partnerschaft, haben doch beide Tierkreiszeichen mächtige Scheren, mit denen sie sich nicht mehr so leicht und schnell loslassen werden.

Skorpion-Frau und Löwe-Mann
Lieber nicht, denn unsere bisweilen sehr zynische und mit ätzender persönlicher Fehlersuche begabte Skorpion-Eva würde an unserem prächtigen und selbstherrlichen König kein gutes Haar mehr lassen ...

Denn, so wird sie sich denken, wo viel Licht und Gloria sind, werden auch viel Schatten und Dekadenz sein.

Recht hat sie, hat doch unser leicht über seine Fehler hinwegwischender Löwe-Pascha auch gewisse „Flöhe“ und Unartigkeiten in seinem dicken Fell unauffällig verborgen. Meist ist ihm dies gar nicht recht, wenn er darauf aufmerksam gemacht wird, besonders dann, wenn unser Held nicht so adliger Abstammung ist und seine Aura mehr nach der eines herumstreunenden Gassenkaters geartet ist.

Sicherlich wird sich unsere clevere Skorpion-Maid den im Zeichen des Löwen Geborenen für ihre Zwecke gefügig machen können, ist er doch eher ein langsamer Denker mit genüsslicher „Auf-dem-Sofa-liegen“ und „Rotwein-trinken“-Verhaltensstruktur. Doch er sollte auch ein Karrieremann sein, mit dem entsprechenden finanziellen „Background“.

Denn sein Verhalten ist eher gemütlicher Natur und wird sie nicht gerade restlos begeistern. Deshalb sollt er wenigstens grandios und pompös für den nötigen materiellen Rahmen ihrer Beziehung sorgen.

Doch mit der Zeit ist ein erfülltes Sinnesleben unserer Skorpion-Eva viel wichtiger als aller Luxus dieser Welt, und sie wird sich einen Hausfreund zulegen bzw. die Koffer packen, natürlich nicht, ohne ihm vorher noch so richtig gründlich die Leviten zu lesen. Armes, armes Katerchen ...

Skorpion-Frau und Jungfrau-Mann
Eine vernünftige Beziehung, wenn es unser überlegt handelnder und sachlich korrekter Jungfrau-Held schafft, die Glut ihrer Leidenschaft auf sein eher trockenes Terrain einer überschaubaren und leicht handhabbaren Weltanschauung hinüberzuziehen.

Dann bilden beide eine sich ideal ergänzende Parnterschafts-Konstellation, in der der Überfluss ihrer weiblichen Begierde und die Kritiksucht unserer männlichen, korrekten Jungfrau eine fruchtbare Symbiose eingehen.

Natürlich sollte unser Held sich vollends auf seine männlichen Qualitäten besonnen haben und nicht mehr so jungfräulich verschämt zu seinen Leidenschaften und Begierden stehen.

Denn mit einem „Waschlappen“ von einem Mann hat unsere sinnliche, lebensintensive Skorpion-Lady nicht viel im Sinn.

Hier hilf sie unserem Helden auf die Sprünge. Er schenkt ihr dafür die absolute Gewissheit eines korrekten und erfolgreichen Lebenswandels: Mit ihrer Erotik und seinem Sachverstand kann die Partnerschaft zu ungeahnten Höhen gebracht werden.

Die kosmische Sollbruch-Stelle ist aber die beiderseitig vorhandene, schnell ausufernde Kritiksucht. Beide sind wahre Weltmeister in persönlicher Fehlersuche und sollten sich vor allzu spitzer Zunge hüten.

Schnell ist dann der Frieden aus dem Haus, und ein regelrechter Kleinkrieg von Bloßstellungen und persönlichen Verletzungen ist an der Tagesordnung. Keine leichte Partnerschaft also für beide Seiten.

Skorpion-Frau und Waage-Mann
Sicherlich wird ihr so ein gut gekleidetes und mit gepflegten Manieren ausgestattes „Prachtexemplar“ von Mann sehr gefallen.

Und sie wird alles daran setzen, ihn auf ihrer „Abschussliste“ zu haben; doch sie sollte in diesem speziellen Fall bedenken, dass sie es hier mit einem Meister der gespielten Unentschlossenheit zu tun hat, der damit die Herzen der Damen auf dem Heiratsmarkt sicherlich verrückt machen kann, ohne irgendwelche Zugeständnisse machen zu müssen.

Ihm missfällt es, wenn ein für ihn völlig unangebrachter, persönlich bindender Anspruch an ihn gestellt wird. Und genau das wird unsere Skorpion-Eva nach der ersten Begegnung nicht lassen können.

Sie bemerkt sofort seine auf sie sehr unterkühlt wirkende seelische Wesenssphäre und sein aalglattes Taktieren.

Im Großen und Ganzen eine Partnerschaft, in der es auf Dauer nicht so rosig aussieht. Unseres sich nach sinnlichen Abenteuern sehnende Skorpion-Lady wird nur in den allerersten Momenten der Begegnungen mit ihm auf ihre Kosten kommen können.

Ansonsten ist er ein Gewohnheitstier. Doch da spielt nur eine bewusst alleinlebende Skorpion-Eva mit. Diejenige, die sich nach einer innigsten Partnerschaft sehnt, wird ihn schleunigst wieder verlassen, hält sie doch sein kosmisches Talent des immer währenden Abwägens leicht für bewusste Heuchelei und bequemes Herausreden aus brenzligen Situationen. So Unrecht hat sie damit wirklich nicht.

Skorpion-Frau und Skorpion-Mann
Hier treffen sich die elementarsten Tierkreiszeichenvertreter für ein grandioses Schauspiel.

Doch die Gratwanderung beider auf dem unbegehbaren und zerklüfteten Pfad der alles verschlingenden Leidenschaftlichkeit irdischer Existenzmöglichkeiten ist in diesem Fall für beide äußerst gefahrenvoll. „Genau das Richtige“, werden beide Liebende sagen und sich unerschrocken auf den Weg der gnadenlosen Selbsterkenntnis begeben.

Eine immens anspruchsvolle Partnerschaft, die für beide zur Würze ihres Lebens, aber auch zur tödlichen Dosis aller freien Entfaltungsgrundlagen werden kann. Hier wird mit dem Feuer gespielt, inmitten eines riesigen Lagers von leicht entzündlichen Brennstoffen.

Eine Partnerschaft, die sich bald aus dem normalen bürgerlichen Rahmen von Ehe und Liebe bewegen kann und sich in den grauen, unerforschten Randzonen menschlicher extremer Erfahrungsbandbreiten aufhält.

Beide Partner halten sich mit ihren Skorpionscheren fest, und dabei bedrohen sie sich gegenseitig mit ihren äußerst giftigen Stacheln. Eine wirklich extreme Partnerschaft.

Skorpion-Frau und Schütze-Mann
Nun, aus dieser Konstellation ergibt sich eher eine kurzweilige Partnerschaft und Liebesaffaire für den Urlaub, im alltäglichen Leben aber wohl eine permanente Belastung für beide.

Denn hier treffen sich zwei extreme Menschen: Unsere zähe Skorpion-Lady möchte alles emotional an sich binden, und unser dynamischer, lebendiger Schütze lebt vom hohen ethischen Potential einer freiheitlichen, ungezwungenen Persönlichkeitsentfaltung.

Das passt beim besten Willen und auch nach heißesten, wilden Nächten nicht auf Dauer zusammen. Hier treffen sich begnadete, sinnliche, weibliche Erotik und das männliche, alles verbrennende Feuer eines leidenschaftlichen Schützen. Doch letztendlich sind die Erwartungshaltungen nur schwerlich zu vereinbaren.

Und unser feuriger Gentleman wird ihr nach stundenlangen Auseinandersetzungen über ihre partnerschaftlichen Ansprüche, denen er in keinem

Fall nachkommen möchte, seine herzliche Freundschaft anbieten und sich wieder auf seinen Weg in die Weite des Jagens zu machen.

Natürlich wird er ihre Adresse an eine der obersten Stellen seines Notizbüchleins setzen, ist sie doch wirklich ein Geschenk des Himmels mit dem Geschmack und der hitzigen Glut aus den sinnlichen Vorhöfen der Hölle.

Doch gerade dieser Beigeschmack und die Versuchung sind für unseren nach Licht und unendlicher Weite seiner Existenz suchenden Schützen das entscheidende „Handicap".

Er glaubt die Hölle schon weit hinter sich zu haben und möchte nicht schon zu Lebzeiten für seine Sünden büßen.

Skorpion-Frau und Steinbock-Mann
Von der astrologischen Elementenlehre her gesehen eine ideale Verbindung von Wasser und Erde. Doch wo ist der zu befruchtende Samen, der in die Erde gelegt und mit dem Wasser des Lebens versorgt werden möchte?

Handelt es sich doch um die Wasser des Todes beim Skorpion und um die trockene, leidenschaftslose, steinige Wüste der absoluten irdischen Prinzipien eines Steinbocks. Beide Welten bieten nur geringe Überlebenschancen für diesen zarten Lebenskeim einer partnerschaftlichen Liebe.

Wer hier, in diesen extremen Werten menschlicher Existenz überleben kann, hat wahrlich eine optimale Kondition und Überlebenstaktik: ein wahrer Meister über Körper, Geist und Seele. Und genau das ist der einzig vernünftige Grundtenor dieser extremen Partnerschaft, die es beiden ermöglichen möchte, sich selbst wieder zu entdecken.

Ansonsten würde diese kosmische Kräfte-Konstellation eher in morbiden, selbstquälerischen Verhaltenstrukturen versinken, haben doch beide Tierkreiszeichen die Tendenz, alles in dunklen, ernsten Schattierungen zu sehen.

Eine Partnerschaft, in der beide nicht so recht glücklich werden können, es sein denn, unsere Skorpion-Frau ist bereits ein der Asche entstiegener Phönix und unser Steinbock-Mann ist der wahre „Guru“ ihrer und seiner Sinnes-Welten.

Skorpion-Frau und Wassermann-Mann
Eine selten dauerhafte und meist auch nicht sehr glückliche Beziehung. Sie entspricht wohl eher einer „widerspenstigen Zähmung“ mit tragisch fatalem Beigeschmack.

Denn hier begegnen sich zwei Erlebnissphären, die zwar beide einen mehr oder weniger gleichen magisch-mystischen Kern haben, deren Weltenerfahrung sich aber auf völlig unterschiedlichen Ebenen abspielt. Die menschliche Existenz ist unserem eher anarchistisch denkenden und individuell-verschrobenen Wassermann-Adam eher ein Produkt des universalen Geistes als ein Produkt der menschlichen Triebfeder von sinnlich-emotionaler Leidenschaft und Begierde.

Seine Ansichten über dieses für sie so ungemein wichtige Thema finden aber bei unserer Skorpion-Lady keinen Widerhall, müsste sie doch nach seinen Ansprüchen gleichsam über ihren eigenen Schatten springen. Doch bevor sie das tut, muss er das Gleiche machen, aber hier wird sie bei unserem egozentrischen Wassermann-Mann nicht weit kommen.

„Über welchen Schatten, meinst du denn? Ich kenne keine Schatten in mir und erst recht nicht außer mir", wird er ihr großspurig entgegnen. Und schon geht die elende Streiterei wieder von vorne los, haben beide sich doch gerade noch vor wenigen Minuten auf einen Waffenstillstand geeinigt. Wieder nichts.

Ja, und so werden die immer währenden Kritiken die zarten Liebesbande wohl mit der Zeit völlig zerfressen.

Skorpion-Frau und Fische-Mann
Falls unseres intensiv lebende Skorpion-Lady schon wirklich alles in ihrem Leben erreicht hat und sich in einer wohlhabenden und gesicherten Position befindet, wir sie sich auf das unberechenbare und gefährlich heimtückische Spiel mit einem sensiblen und emotional uferlosen Fische-Mann einlassen.

Andererseits wäre die fatale Möglichkeit gegeben, dass er sie völlig aus ihrer persönlichen Bahn wirft und in Lebensbereiche hinüberzieht, deren undurchschaubare Inhalte und Ideale ihre feurig lebendige Liebe zu ihm mit der Zeit auslöschen.

Denn er sieht sofort ihre leidenschaftliche Spielernatur in Sachen Erotik und Partnerschaft und möchte sich gleichsam als Parasit daran beteiligen. Zwar hat sie keine Angst vor ihm, fühlt sie sich doch fast immer der weitläufig ausufernden Innenwelt seines Geistes und seiner Seele gewachsen.

Doch sie übersieht im ersten Moment die unheimliche suggestive Kraft seiner fließenden, fast unendlichen Männlichkeit. Dies macht sie richtig süchtig, ist dies doch seine männliche Fische-typische-Strategie, sich als eher feminin wirkender Adam im „Kampf der Geschlechter" zu behaupten.

Ein genialer Trick, bis sie ihn durchschaut hat; doch bis dahin ist sie schon abhängig. Aber sie kann kämpfen, und diese übersieht unser Fische-Mann. So wird er sich unter ihrer sinnlichen Herrschaft winden, um wieder in eine führende Position zu gelangen. Ein vergnügliches „Ringelreihen"-Spielchen, falls es beide durchschauen, aber eine regelrechte Tragik-Komödie, wenn einer von beiden wirklich glaubt, dem anderen etwas vormachen zu könnne.

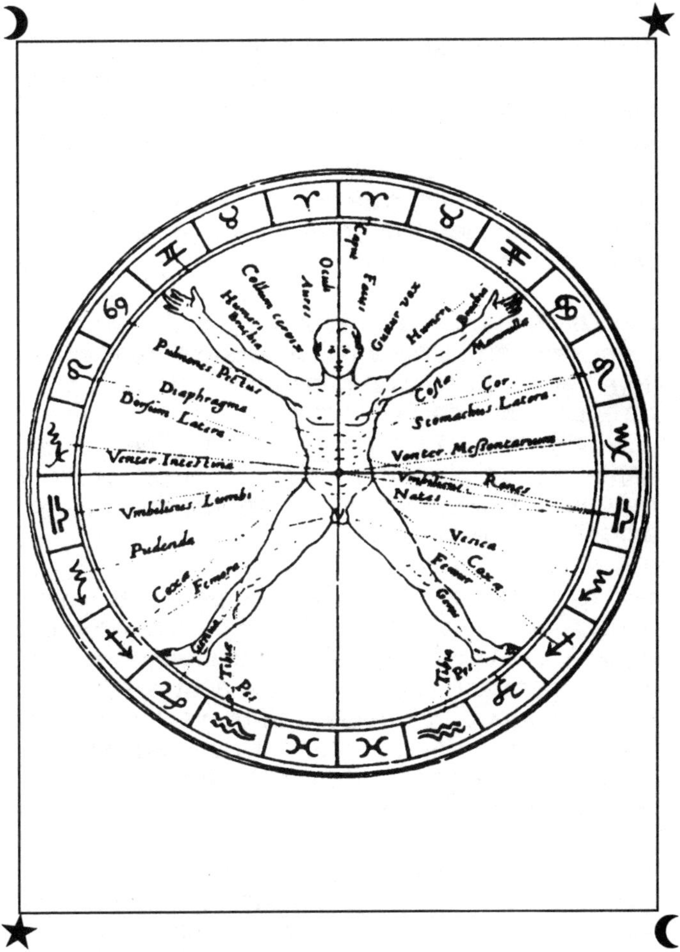
Caput
Facies
Oculi
Aures
Collum cervix
Guttur vox
Humeri
Pulmones Pectus
Diaphragma
Dorsum Latera
Costa
Cor
Stomachus Latera
Venter Mesentarium
Venter Intestina
Renes
Nates
Pudenda
Vesica
Coxa
Femora
Femur
Genu
Tibia
Pes

Berühmte Persönlichkeiten

In diesem Kapitel werden Ihnen einige berühmte Tierkreiszeichenvertreter – historische wie auch kulturelle Persönlichkeiten – vorgestellt. Hierbei geht es weniger um eine vollständige und umfassende Darstellung, vielmehr sollen die Tierkreistypischen Verhaltensweisen und Charaktereigenschaften dieser Berühmtheiten herausgestellt werden.

Martin Luther (10.11.1483)
„Hier stehe ich, ich kann nicht anders“, soll er gesagt haben. Auch wenn das Zitat historisch nicht belegbar ist, der Bergmannssohn, ehemaliger Jus-Student und späterer Augustinermönch, nahm die Religion ernst. Schon seinen Ordensbrüdern fiel auf, dass er die Regeln strenger beachtete als die anderen.

Konsequent ging er auf die Ursprünge der Religion zurück, und die lagen für ihn in der Bibel und im geschriebenen Wort. Also musste dieses Wort auch jedermann zugänglich gemacht werden. So wurde Luther durch seine Bibelübersetzung auch zum Schöpfer der deutschen Hochsprache. Seine einfache und anschauliche Sprache beeindruckt auch heute noch.

Ein zentrales Thema waren für ihn Schuld, Sünde und Vergebung. Nicht durch unsere Werke verdienen wir die Vergebung unserer Schuld, so Luther, sondern allein die Gnade Gottes kann uns helfen, aus dem Zustand der Sünde zu kommen.

Menschen und Werke können nichts erreichen, wo es auf Tieferes ankommt. Allein Gott hilft dem Sünder, da er mit ihm direkt in Gemeinschaft tritt. In den evangelischen Kirchen wird der Priester zum gewöhnlichen Bürger, der ein Amt bekleidet wie das des Bürgermeisters. Folglich kann er auch wie ein gewöhnlicher Bürger leben. Er kann Geschäfte betreiben und heiraten.

Die Konsequenz, die Luther in Glaubensfragen mit großem Mut an den Tag legte, ließ er in Fragen weltlicher Macht völlig vermissen. Da unterstützte er die vorgegebenen Verhältnisse. Durch die Macht eines weltlichen Herrn – seines Kurfürsten – hat er überlebt. Konsequent blieb er dabei, diese Macht auch theoretisch zu bewahren.

Am Endes seines Lebens soll er mit dem Teufel gerungen und ihm ein Tintenfass entgegengeschleudert haben. Das ist sicher Legende. Doch, dass ihm als Skorpiongeborener Sünde und Sterben etwas Besonders waren, kann man als sicher annehmen.

Marie Curie (7.11.1867)
Sie ist der einzige Mensch, der zweimal den Nobelpreis für wissenschaftliche Errungenschaften erhielt. Und dann noch eine Frau im vorigen Jahrhundert. Auf Fotografien sieht sie eigentlich eher bescheiden oder müde aus.

In ihrem Chemiestudium in Paris war die Polin schon immer fasziniert von der geheimnisvollen Strahlung, die vom Uran ausging. Da lebte etwas im Verborgenen, und das wollte sie ergründen.

Mit der gleichen Begeisterung, mit der sie sich durchs Studium gearbeitet hatte, ging sie an die Lösung der Aufgabe.

Vier Jahre lang verarbeiteten sie und ihr Mann tonnenweise das Ausgangsmaterial Pechblende (ein Uranerz). Sie schleppten schwere Gefäße, rührten siedende und übel riechende Flüssigkeiten in unförmigen Bottichen und gaben nicht auf.

Bei dieser Tätigkeit verband die zartgebaute Frau härteste Arbeit mit subtilster Messmethodik. Und sie hatte Erfolg. Erst entdeckte sie das zu Ehren ihrer Heimat so bekannte Polonium, später das „strahlende" Radium.

Als ihr Mann starb, setzte sie die Arbeit unermüdlich alleine fort.
Die geheimnisvollen Kräfte, die sie zum Leben erweckt hatte, waren zuletzt ihr Tod. Sie starb an Strahlenvergiftung, denn das Leben tief im Inneren der Atome ist tödlich für uns Menschen. Doch Ausdauer, Mut und Konsequenz dieser kleinen, zierlichen und bescheidenen Frau bleiben für alle Zeiten Vorbild.

Friedrich Schiller (10.11.1759)
Kunst soll nicht erbauen, sondern den Betrachter in der Tiefe treffen und ihn dabei wandeln und läutern. Das war die Auffassung des großen deutschen Dichters.

Wie Luther gab er sich nicht mit Oberflächlichem zufrieden. Getreu seinem Zeichen war er radikal und zugleich tief schürfend. Da er selbst nie politische Macht besaß oder anstrebte, konnte bei ihm die idealistische Seite seines Zeichens voll durchbrechen.

Der Titel seiner medizinischen Prüfungsarbeit, kennzeichnet sein Programm: „Über den Zusammenhang der tierischen Natur des Menschen mit seiner geistigen".

Das Leben bestand für ihn aus einem ewigen Konflikt zwischen Trieb und Geist, aber auch zwischen ethischem Handeln und politischer Realität. Wenn Schiller wählen musste, dann wählte er nicht die Realität, sondern das Ideal innerer Freiheit. Für diese Freiheit war kein Preis zu hoch, auch nicht der des Lebens.

Sein Idealismus ließ ihn sogar die Realität verfälschen. So stirbt die Heilige Johanna bei ihm nicht auf dem Scheiterhaufen (wie in Wirklichkeit), sondern in der Schlacht.

Doch auch die dunkle Seite des Menschen blieb Schiller nicht verborgen. Als echter Skorpion interessierte sie ihn natürlich besonders. So schrieb er als ein Vorläufer Simenons eine der ersten psychologischen Kriminalgeschichten mit dem Titel „Der Verbrecher aus verlorener Ehre". In der Analyse des jungen Mannes, der zum Verbrecher wird, erwies sich Schiller als ebenso tief blickender wie illusionsloser Psychologe.

Gerhard Hauptmann (15.1.1862)
Der deutsche Schriftsteller und Literatur-Nobelpreisträger war ebenso vielseitig wie sein Maler-

kollege und Tierkreisbruder Picasso. Er schrieb naturalistische Massendramen wie „Die Weber", aber auch Komödien und mystische Stücke.

Das Leben war für Hauptmann ein Urdrama und der Mensch ein triebhaftes Wesen, das zum Leiden verurteilt ist, sich aber bemühen sollte, zu Höherem zu streben.

So schildert er die kleinen Leute in ihrer triebhaften Existenz. Ganz typisch für ihn ist die Erzählung „Der Ketzer von Soana", in der sich ein Priester von den inneren und äußeren Zwängen seines Berufs befreit und zum sinnlich-schönen Rausch des Lebens findet.

Hauptmann hatte ein feines Gespür für soziale Zusammenhänge und Ungerechtigkeiten. Wenn er sich von der sozialen Realität abwandte, dann kam seine Vorliebe für Mysthisch-Rauschhaftes zum Vorschein. Darum beschäftigte er sich gern mit der Antike, die er keineswegs nur verklärt und „edel" sah.

Das Chinesische Horoskop

Der chinesische Mondkalender

Die chinesische Astrologie wird vom Mond beherrscht und nicht von der Sonne, wie der westliche Tierkreis. Der chinesische Mondkalender gilt als die älteste Zeitrechnung der Menschheit. Er wurde im Jahre 2637 v. Chr. von dem chinesischen Kaiser Huang-ti eingeführt.

Über die Entstehung des chinesischen Tierkreises gibt es eine alte Legende. Diese besagt, dass Buddha, als er die Erde verlassen wollte, alle Tiere zusammenrief, um sich von ihnen zu verabschieden. Doch nur zwölf Tiere folgten seinem Ruf. Zur Belohnung schenkte Buddha jedem Tier ein Jahr und zwar in der Reihenfolge ihrer Ankunft: Zuerst traf die Ratte ein, dann kamen nacheinander der Büffel, der Tiger, die Katze, der Drache, die Schlange, das Pferd, die Ziege, der Affe, der Hahn, der Hund und zuletzt das Schwein.

Jedes Tier beherrscht in einem Zyklus ein bestimmtes Jahr. Ein voller Zyklus umfasst sechzig Mondjahre und setzt sich aus fünf einfachen Zyklen von je zwölf Jahren zusammen. Danach beginnt der Zyklus wieder von vorne. Jedes Jahr ist auf diese Weise einem der zwölf Tiere zugeordnet.

Das jeweilige Tier charakterisiert das ihm unterstellte Jahr und beeinflusst das Leben der Menschen, die in diesem Jahr geboren wurden.

Wie auch in der westlichen Astrologie werden den zwölf chinesischen Tierkreiszeichen bestimmte

Qualitäten und Elemente zugeordnet, die sich jedoch von denen des westlichen Tierkreises unterscheiden. Dies sind die Qualitäten Yin und Yang und die Elemente Wasser, Feuer, Holz, Metall und Erde.

Die Bedeutung von Yin und Yang

Yin und Yang sind zwei Begriffe, die aus der alten chinesischen Philosophie stammen. Nach dem taoistischen Glauben existiert das Leben mit all seinen Erscheinungsformen durch die Bewegung von Energie zwischen zwei Polen, die als Yin und Yang bezeichnet werden. Sie sind die polare Energiemanifestation der kosmischen Urenergie, genannt Chi.
Yin und Yang sind ein Gegensatzpaar – wie männlich und weiblich, positiv und negativ oder zentripetal und zentrifugal –, durch das Leben entsteht. Die Polarität dieser Gegensätze finden wir in allen Lebensformen wieder. Dabei repräsentiert Yin den weiblichen Pol und wird mit den rezeptiven Kräften in Verbindung gebracht. Man ordnet Yin die Empfänglichkeit, die Intuition, die Nachgiebigkeit usw. zu. Yang ist der männliche, aktive Pol, dem die Initiative, das rationale Handeln, das logische Denken usw. entspricht.

Yin und Yang bilden eine Einheit, da sie sich genau ergänzen. Diese Einheit wird durch einen Kreis dargestellt – das Urprinzip allen Seins und Symbol der Harmonie. Das Gleichgewicht dieser beiden Kräfte ist daher auch verantwortlich für die Herstellung und Erhaltung der Harmonie, sei es im Körper, in der Seele oder im gesamten Kosmos. Aus diesem Grund hat auch jeder Mann (Yang) einen weiblichen Teil (Yin) in sich und jede Frau (Yin) einen männlichen (Yang), eine Vorstellung, die wir auch aus der westlichen Psychologie kennen (die so genannte Anima des Mannes und der so genannte Animus der Frau).

Die chinesischen Tierkreiszeichen werden entsprechend dieser Lehre in sechs Yin-Zeichen und sechs Yang-Zeichen unterteilt. Man sagt, der Yin-Typ sei eher introvertiert, fürsorglich, gefühlsbetont und intuitiv, während der Yang-Typ eher extrovertiert, individualistisch und unabhängig ist. Der Yin-betonte Mensch versucht sich im Kontakt mit anderen Menschen zu verwirklichen, während der Yang-betonte sein Gleichgewicht in sich selbst finden will. Yin-Menschen handeln eher überlegt, Yang-Menschen handeln meist aus einem spontanen Impuls heraus.

Die Tierkreiszeichen, die dem Yin-Prinzip zugeordnet werden, sind folgende: Ratte, Büffel, Katze, Affe, Hund und Schwein. Zum Yang-Prinzip gehören Tiger, Drache, Schlange, Pferd, Ziege und Hahn.

Die fünf Elemente

In der chinesischen Astrologie gibt es fünf Elemente: Metall, Wasser, Holz, Feuer und Erde. Wie Yin und Yang sind auch die fünf Elemente alle gleichwertig und hängen voneinander ab. Alle Elemente stehen in einer Wechselbeziehung zueinander, die wiederum für das Gesamtgleichgewicht ausschlaggebend ist.

Jedes Jahr wird mit einem Element verbunden. Daraus ergibt sich, dass jedes der zwölf Tierkreiszeichen wiederum mit einem bestimmten Element kombiniert wird. Um das Element zu finden, das Ihrem Geburtsjahr zugeordnet wird, können Sie den folgenden Schlüssel verwenden.

Wenn Ihr Geburtsjahr am Ende folgende Ziffern hat, entspricht ihm das in der Tabelle angegebene Element:

1 und 6 = Wasser
2 und 7 = Feuer
3 und 8 = Holz
4 und 9 = Metall
5 und 0 = Erde

Das Element Wasser

Menschen, die in einem Wasser-Jahr geboren wurden, sind gefühlsbetont und weich. Aber sie leben und handeln nach dem Motto: „Steter Tropfen höhlt den Stein“. Mit ihrer Ausdauer schaffen sie es, selbst den härtesten Fels zu

Sand zu zermahlen. Darüber hinaus hat Wasser die Eigenschaft, sehr flexibel zu sein. Dies bedeutet einerseits, dass Wasser-Menschen über eine gute Anpassungsfähigkeit verfügen, andererseits aber auch gerne den Weg des geringsten Widerstandes gehen. Besonders ausgeprägt ist die Intuition der in einem Wasser-Jahr Geborenen.

Das Element Feuer

Das Element Feuer verleiht Entschlusskraft und Selbstsicherheit. Menschen, die unter diesem Element geboren wurden, ergreifen gerne die Initiative und sind voller Schwung und Tatendrang. Im Gegensatz zu Wasser-Menschen sind sie eher ungeduldig. Sie reagieren sehr impulsiv, wobei sie oft dominant und egoistisch wirken. Wie ihr Element, besitzen sie ein feuriges Temperament, und wenn es mit ihnen durchgeht, können sie ziemlich hitzköpfig sein. Wenn der Feuer-Geborene sich jedoch im Zaum hält, liegt sein stärkstes Talent darin, die Dinge ohne zu zögern anzupacken und zielstrebig zu Ende zu führen. Was dabei herauskommt, ist meist sehr erfolgreich!

Das Element Holz

Menschen, die in einem Jahr des Holzes geboren wurden, sind sehr umgänglich, einfühlsam und vertrauenswürdig. Sie verstehen es ausgezeichnet, gemeinsam mit anderen große Projekte zu realisieren, wobei sie die Lorbeeren nicht für sich alleine ernten wollen. Holz-Geborene besitzen ein großzügiges Denken und viel Toleranz. Sie verfügen über ein gesundes Maß an Materialismus, den sie sich gut zu Nutze machen können. Das Element Holz birgt die Gefahr, dass man sich zu viel zumutet oder seine Möglichkeiten überschätzt.

Im besten Falle aber liegt die Begabung dieses Elements in der Realisierung großer Pläne und Aufgaben.

Das Element Metall

Wie das Element Metall, wirkt der in einem Metall-Jahr Geborene recht unbeugsam und starrköpfig. Wenn er sich ein Ziel gesetzt hat, lässt er sich durch nichts davon abbringen, es auch zu erreichen.

Dabei zieht er den Alleingang vor und lehnt jede Einmischung in seine Angelegenheiten energisch ab. Metall-Menschen müssen lernen, nicht immer mit dem Kopf durch die Wand rennen zu wollen, wenn die Sympathie anderer Menschen nichts aufs Spiel gesetzt werden soll – obgleich das „Wände einrennen“ zugegebenermaßen eine der stärksten Seiten des Metall-Typs ist!

Das Element Erde

Der in einem Erde-Jahr Geborene ist praktisch und realistisch. Er besitzt einen gesunden Unternehmungsgeist, wobei er sich aber nie in unrealistische Pläne versteigt, sondern vielmehr solide Projekte auf die Beine stellt.

Seine Handlungen sind stets wohl überlegt und gründlich durchdacht, weshalb das, was er tut, meist auch bestens funktioniert. Sein Verantwortungsbewusstsein und seine Disziplin verdienen aufrichtige Bewunderung, obwohl er auf Vertreter anderer Elemente oft etwas zu konservativ und nüchtern wirkt. Doch alles, was ein Erdmensch anpackt, hat Hand und Fuß – und darüber hinaus ein absolut sicheres Fundament!

Der Weggefährte

Wie in der westlichen Astrologie spielt die Geburtszeit auch in der chinesischen eine besondere Rolle. Im westlichen Horoskop ergibt sich aus der Geburtszeit der so genannte Aszendent, dem im chinesischen der „Weggefährte" entspricht.

Die vierundzwanzig Stunden des Tages werden wiederum in zwölf Abschnitte unterteilt, die jeweils einem Tierkreiszeichen zugeordnet werden. Dabei beginnt der Tag des chinesischen Mondkalenders um 23 Uhr. Der Weggefährte beeinflusst die Qualität des Tierkreiszeichens, unter dem man geboren ist.

Jede der zwölf möglichen Kombinationen von Tierkreiszeichen und Weggefährten bewirkt eine spezielle Färbung der individuellen Persönlichkeit.

Um herauszufinden, welcher Weggefährte ihr Tierkreiszeichen begleitet, suchen Sie bitte in der folgenden Tabelle Ihre Geburtszeit. Das Tier, das in diesen Zeitabschnitt fällt, ist Ihr Weggefährte: Wenn Sie wissen wollen, wie der Weggefährte Ihr Tierkreiszeichen beeinflusst, lesen Sie bitte unter beiden Zeichen nach und kombinieren Sie die Eigenschaften beider miteinander. Sollten Sie unter einem Doppelzeichen geboren sein, das heißt, nach Ihrem Geburtsjahr und Ihrer Geburtsstunde sind Sie beispielsweise Ratte/Ratte, bedeutet dies, dass die Qualitäten dieses Tierkreiszeichens in Ihrer Persönlichkeit besonders markant sind und in Ihrem Leben besonders stark zum Ausdruck kommen.

Stundentabelle

23.00	-	1.00 Uhr	– Ratte
1.00	-	3.00 Uhr	– Büffel
3.00	-	5.00 Uhr	– Tiger
5.00	-	7.00 Uhr	– Katze
7.00	-	9.00 Uhr	– Drache
9.00	-	11.00 Uhr	– Schlange
11.00	-	13.00 Uhr	– Pferd
13.00	-	15.00 Uhr	– Ziege
15.00	-	17.00 Uhr	– Affe
17.00	-	9.00 Uhr	– Hahn
19.00	-	21.00 Uhr	– Hund
21.00	-	23.00 Uhr	– Schwein

Die Ermittlung Ihres chinesischen Tierkreiszeichens

Um Ihr „Haupttierkreiszeichen“, das so genannte „Jahreszeichen“, zu ermitteln, benötigen Sie die Jahreszahlentabellen, die Sie vor der Beschreibung jedes Tierkreiszeichens finden. Suchen Sie in den zwölf Tabellen nach Ihrem Geburtsdatum.

Auch hier unterscheidet sich der chinesische Kalender vom westlichen. Wie Sie aus den Tabellen ersehen werden, beginnt die Einteilung der Jahre nicht am ersten Tag des Monats. Das Jahr der Ratte beginnt beispielsweise am 31.01.1900 und endet am 19.02.1901. Daher sind Tabellen, die nur die Jahreszahlen angeben, ungenau. Wer am 10.02.1901 geboren ist, ist Ratte. Wer hingegen am 10.03.1901 geboren ist, ist Büffel.

Beispiel
Geburtsdatum: 22.01.1950, 4.30 Uhr

Um Ihnen die Suche in den zwölf Tabellen zu erleichtern, hier eine kleine Hilfestellung:

Die chinesischen Tierkreiszeichen, beginnend mit dem Zeichen Ratte im Jahre 1900, halten immer die gleiche Reihenfolge ein.
Das heißt:

1900 = Ratte, 1901= Büffel, 1902= Tiger, 1903= Katze, 1904 = Drache, usw. bis 1911 = Schwein. Das Jahr 1912 ist dann wieder ein Jahr der Ratte, 1913 = Büffel usw.

Wenn Sie, ausgehend vom Jahr 1900, solange mit 12 multiplizieren, bis Sie Ihr Geburtsjahr erreichen oder annähernd erreichen, können Sie bei jedem Zwölfer-Abschnitt mit der Ratte beginnen und bis zu Ihrem Geburtsjahr weiterzählen:

In unserem Beispiel heißt das: in (19)50 geht 12 viermal, Rest 2. Daraus folgt: 12 x 4 = (19)48 + 2 = (19)50.

Daraus ergibt sich: 1948 ist wieder ein Jahr der Ratte, 1949 ein Jahr des Büffels und 1950 ein Jahr des Tigers.

Da Geburtsdaten, die in die Monate Januar und Februar fallen, immer genau im Zeichenwechsel des chinesischen Tierkreises liegen, müssen Sie in diesem Fall in der Tabelle vor und nach dem Zeichen Tiger nach Ihrem Geburtsdatum suchen.

In unserem Beispiel finden wir den 22.01.1950 nicht in der Tabelle des Zeichens Tiger, da dieses erst ab dem 17.02.1950 beginnt. Da unser Datum vor dem 17.02.1950 liegt, suchen wir nun bei dem Zeichen, das vor dem Tiger kommt, nämlich Büffel.

Ihren Weggefährten finden Sie leichter: Sehen Sie in der Stundentabelle nach, in welchem Zeitabschnitt Sie geboren sind.

In unserem Beispiel ist die Geburtszeit 4.30 Uhr. In der Tabelle finden wir:

3.00 – 5.00 Uhr – Tiger.

Wenn Sie um 4.30 Uhr geboren sind, ist Ihr Weggefährte Tiger.

Auch Ihr Element finden Sie sehr leicht: Schlagen Sie dazu die Elementen-Tabelle auf. In unserem Beispiel endet das Geburtsjahr mit der Zahl 0. In der Tabelle finden wir:

5 und 0 = Erde.

Wenn Sie im Jahr 1950 geboren sind, ist Ihr Element Erde. Unser Beispiel ergibt insgesamt: Büffel/Tiger/Erde!

Um zu erfahren, welche individuelle Persönlichkeit der unter diesem Zeichen Geborene hat, lesen wir in Bezug auf unser Beispiel nun als Erstes unter „Büffel“ nach, dann unter „Tiger“ und „Erde“.

Um ein ganz exaktes Bild von Ihrer persönlichen Veranlagung zu erhalten, die Sie mit in dieses Leben gebracht haben, sollte auch das westliche Horoskop berücksichtigt werden. Die chinesischen Tierkreiszeichen, so wie sie hier dargestellt sind, können Ihnen zusätzliche Informationen über Ihre Persönlichkeit liefern. Man sollte sich aber immer vergegenwärtigen, dass die Kombination aller Zeichen Ihres Gesamthoroskops erst Ihre Individualität widerspiegelt, die bei der Vielzahl der Kombinationsmöglichkeiten tatsächlich einmalig ist.

Die zwölf chinesischen Tierkreiszeichen

Ratte

Yin; festes Element: Wasser
Chinesischer Name: Schu

Jahreszahlentabelle Ratte

31.1.1900 – 19.2.1901
18.2.1912 – 6.2.1913
5.2.1924 – 25.1.1925
24.1.1936 – 11.2.1937
10.2.1948 – 29.1.1949
28.1.1960 – 15.2.1961
15.2.1972 – 2.2.1973
2.2.1984 – 19.2.1985
19.2.1996 – 6.2.1997
7.2.2008 – 25.1.2009

(Die angegebenen Daten beziehen sich auf den ersten und den letzten Tag im Jahr des betreffenden Zeichens.)

Die Ratte-Persönlichkeit
Ganz im Gegensatz zu der Vorstellung, die wir von der Ratte im Naturreich haben, sagt man den in einem Ratte-Jahr geborenen menschlichen Vertretern dieses Tierkreiszeichens ausgesprochen positive Qualitäten nach. Es heißt, die Ratte sei attraktiv, charmant, liebenswert und verführerisch. Darüber hinaus zeigt sie auch noch einen Hang zum Besonderen.

Der Ratte-Geborene tanzt gerne aus der Reihe – und auch gerne auf dem Glatteis. Mittelmäßigkeit ist ihm ein Gräuel und Langeweile sein ärgster Feind. Aus diesem Grund übertritt er mit Vorliebe Verbote, Anstandsregeln und Tabus. Sie können sich sicherlich vorstellen, dass diese Mischung aus Exzentrik und kapriziösem Verhalten auf den ersten Blick eine starke Faszination ausüben kann.

Die Ratte besitzt eine fast magische Anziehungskraft auf ihre Mitmenschen, was nicht verwundert, wenn man ein wenig tiefer in die Geheimnisse ihrer Persönlichkeit eindringt.

Ratte-Menschen geben nur ungern ihre tiefen und innersten Geheimnisse preis. Der Wunsch des Ratte-Menschen, lieber selbst alles im Griff zu haben, resultiert aus einem extremen Sicherheitsbedürfnis. Und um dieses Bedürfnis zu befriedigen, ist er mit einem gesunden Maß an Aggressivität, Durchsetzungswillen, Berechnung und Listigkeit ausgestattet.

Doch wie bei allem im Leben gibt es auch hier eine Kehrseite der Medaille: Ratte-Menschen sind tatkräftig, kreativ, phantasiereich, originell, kontaktfreudig und unterhaltsam. Kein Wunder, dass sie ein wahres Führungstalent besitzen, wie wir bei den berühmten Vertretern dieses Tierkreiszeichens sehen werden.

Die Ratte und ihr Gefühlsleben
Ratte-Menschen sind ausgesprochen gefühlsbetont und vor allem sehr, sehr leidenschaftlich.

Wenn sie glücklich sind und sich geliebt und verstanden fühlen, mangelt es ihnen nicht an Treue. Darüber hinaus besitzen Sie mit der Liebe einer Ratte nicht nur ihre Treue, sondern auch ihre Kameradschaft und volle Unterstützung. Vor anderen verteidigt die Ratte ihren Partner bis aufs Messer.

Doch eines sollten Sie vermeiden: Enttäuschen Sie Ihre Ratte nicht, und lassen Sie sie nicht allzu oft allein. Obwohl wir es in diesem Fall mit einem wahrhaftigen Außenseiter zu tun haben, hat der Ratte-Geborene viel Familiensinn.

Wie wir bereits wissen, legen Ratten keinen besonderen Wert auf Traditionen und Konventionen. Doch das Chaos, das einem bei oberflächlicher Betrachtung im Heim einer Ratte entgegenschlägt, entpuppt sich bei genauerem Hinsehen als wohl geordnet. Es ist eben alles nicht ganz so, wie man es gewöhnt ist, und schon gar nicht, wie man es erwartet.

Hier einige Tipps für ein harmonisches Zusammenleben mit Ihrem Rattepartner. Als Erstes sollten Sie Ihre leidenschaftlichen Gefühle auf keinen Fall verbergen. Im Gegenteil: Ihre Ratte liebt Vulkanausbrüche! Wenn Sie Ihre Ratte betrügen, müssen Sie damit rechnen, dass sie sofort zum Gegenschlag ausholt und sie – fast augenblicklich – „zurück-betrügt“.

Falls Ihre Ratte Sie betrügt, war dies ein reines Versehen. Sie werden sicherlich Verständnis dafür aufbringen, sobald Ihre Ratte ihr Plädoyer gehalten hat. Sie werden ein aufrichtiges Schuldeingeständnis mit all den dazugehörigen und absolut einsichtigen Gründen für dieses Missgeschick erhalten.

Ratte-Menschen sind sehr gute Eltern. Wenn Sie Ihre Ratte nicht zu einer sofortigen Annullierung der Ehe zwingen wollen, sollten Sie Ihre Flitterwochen nicht unbedingt pauschal buchen. Geregelte Frühstückszeiten, Vollpension und womöglich ein fester Liegestuhl mit Sonnenschirm am Strand sind für den Ratte-Geborenen ein sicherer Scheidungsgrund.

Und noch etwas, wie Sie das Herz Ihrer Ratte betören können: Schenken Sie Ihrer Ratte zum Geburtstag nicht immer nur Dinge, die wir gewöhnlich als nützlich betrachten. Sicherlich liebt Ihre Ratte-Dame einen gut ausgestatteten Haushalt und Ihr Ratte-Mann eine beeindruckende Bücherwand.

Der Weg zum Erfolg im Zeichen Ratte
Die Ratte liebt ihre Unabhängigkeit. Darüber hinaus ist sie ein ausgesprochener Individualist. Ihr Talent besteht als Erstes darin, zu beweisen, dass alle festen Regeln und Gewohnheiten mit einem Handstreich zunichte gemacht werden können.

Wie klettert eine Ratte die Erfolgsleiter hinauf? Nun, bekanntlich sind Ratten Nagetiere. Also wird die Ratte den sprichwörtlichen Stuhl nicht absägen, sondern durchnagen. Weil sie dies vornehmlich im Dunkeln tut, kann es sein, dass Sie nichts davon bemerken, bis Sie umkippen.

Berühmte Ratte-Persönlichkeiten
Konrad Adenauer, Johann Sebastian Bach, Marlon Brando, Prinz Charles, Doris Day, Mata Hari, Wolfgang Amadeus Mozart, Ronald Reagan, William Shakespeare, Donna Summer.

Büffel

Yin; festes Element: Wasser
Chinesischer Name: Nyu

Jahreszahlentabelle Büffel

19.2.1901 –	8.2.1902
6.2.1913 –	26.1.1914
25.1.1925 –	13.2.1926
11.2.1937 –	31.1.1938
29.1.1949 –	17.2.1950
15.2.1961 –	5.2.1962
3.2.1973 –	22.1.1974
20.2.1985 –	8.2.1986
7.2.1997 –	27.1.1998
26.1.2009 –	13.2.2010

Die Büffel-Persönlichkeit
Der Büffel ist ein sehr erdverbundenes Zeichen. Das bedeutet, dass er es mit seiner bewundernswerten Geduld und Ausdauer Schritt für Schritt zu beträchtlichem Wohlstand bringt. Seine Hartnäckigkeit und sein Pflichtbewusstsein sind der Grund, warum ihm manche Menschen vorwerfen, er sei ein „Dickschädel“. Er ist ein unermüdlicher Arbeiter, und alles, was er anpackt und angeht, hat Hand und Fuß.

Alles, was ein Büffel-Geborener anpackt, gelingt auch meist. Wenn er eine Aufgabe übernimmt, plant er sie mit Methode und führt sie zuverlässig zu Ende. Dabei nimmt er sich Zeit, anstatt überhastet und unbedacht darauf los zu stürmen.

Wenn er dies erledigt hat, sollten Sie sich in Acht nehmen, denn plötzlich stürmt der Büffel los. Wenn dieser kraftstrotzende Zeitgenosse erst einmal aktiv geworden ist, kann ihn nichts mehr bremsen, und Sie sollten besser das Feld räumen, wenn er über die Prärie donnert.

Manchmal macht der Büffel den Eindruck, als sei er die Ruhe selbst. Das ist er auch, solange Sie so klug sind, ihn nicht zu provozieren. Wenn ein Büffel tobt, können Sie sich nur noch in Sicherheit bringen, bis sich der Sturm wieder gelegt hat!

Obwohl der Büffel ein Herdentier ist, bleibt er immer ein Individualist. Er liebt seine Unabhängigkeit, ist originell und lebt nach seinen eigenen Prinzipien. Versuchen Sie daher nicht, ihn zu ändern. Vielmehr vertrauen Sie ihm, so wie er ist. Und das können Sie blind, denn es heißt, der Büffel sei das vertrauenswürdigste, ehrlichste und treueste Zeichen.

Der Büffel und sein Gefühlsleben

Obwohl der Büffel-Geborene seine Unabhängigkeit liebt und so leben will, wie es ihm gefällt, besitzt er all die Eigenschaften, die man an einem Lebenspartner schätzt. Sicherheit spielt bei einem Büffel eine große Rolle. Er geht feste und dauerhafte Beziehungen ein und ist seinem Partner treu ergeben. Er hält nichts von kurzen Liebesromanzen und flüchtigen Abenteuern, weshalb etwas flatterhaft veranlagte Menschen bei ihm auf Granit beißen.

Wenn Sie einen Büffel lieben, sollten Sie sich an praktischen Dingen erfreuen können. Ihr Büffel schätzt es nicht, sein Geld für unnützen Firlefanz auszugeben. Und für überschwängliche Liebesbeteuerungen hat er meistens keine Zeit.

Wie Sie bereits wissen, reagiert der Büffel sehr empfindlich auf das sprichwörtliche rote Tuch. Deshalb sind Sie gut beraten, es nicht unbedingt auf die Spitze zu treiben.

Wenn Sie ein Heim und eine Familie gründen wollen, ein gesichertes Einkommen und Ihren Lebensabend mit einem beachtlichen Bankguthaben und einem komfortablen Eigenheim verbringen wollen, sollten Sie sich einen Büffel an Land ziehen.

Der Weg zum Erfolg im Zeichen Büffel
Wie wir bereits wissen, ist der Büffel ein zäher, zielstrebiger und ausdauernder Arbeiter.

Darüber hinaus lässt er sich keine Vorschriften machen, dafür ist er schlichtweg zu unabhängig und individualistisch veranlagt. Vielmehr entspricht es eher seiner Natur, die Regeln selbst zu bestimmen. Aus diesem Grund ist der Büffel-Geborene nicht dazu bestimmt, eine Position zu bekleiden, in der er nichts zu sagen hat. Der Büffel hat das Gefühl, dass er seine Arbeit selbst am besten erledigen kann. Daher lehnt er Hilfe meistens ab.

Büffel sind keine Träumer und bauen keine Luftschlösser. Sie sind praktisch und realistisch, und so gehen sie auch an ihre Projekte heran. Daher kann man sicher sein, dass ein Büffel-Geborener die Pläne, die er in Angriff nimmt, auch verwirklichen wird – und noch dazu mit großem Erfolg.

Berühmte Büffel-Persönlichkeiten
Aristoteles, Richard Burton, Willy Brandt, Gary Cooper, Charlie Chaplin, Prinzessin Diana, Walt Disney, Hermann Hesse, Hildegard Knef, Jack Nicholson, Robert Redford, Vanessa Redgrave.

Tiger

Yang; festes Element: Holz
Chinesischer Name: Hu

Jahreszahlentabelle Tiger

8.2.1902	–	29.1.1903
26.1.1914	–	14.2.1915
13.2.1926	–	2.2.1927
31.1.1938	–	19.2.1939
17.2.1950	–	6.2.1951
5.2.1962	–	25.1.1963
23.1.1974	–	10.2.1975
9.2.1986	–	28.1.1987
28.1.1998	–	15.2.1999
14.2.2010	–	2.2.2011

Die Tiger-Persönlichkeit

Der Tiger gilt als ein Glückszeichen. In China schreibt man diesem königlichen Tier Macht und Kühnheit zu.

Daher der Glaube, der Tiger sei ein Zeichen des Schutzes, das Kraft verleiht. Die chinesischen Astrologen sagen jedoch auch, dass das Leben der Tiger-Geborenen sehr risikoreich sein kann. Der Tiger gilt als wagemutig, leichtsinnig und abenteuerlustig, was ihn manchmal in Gefahr bringen kann.

Der Tiger-Geborene sprüht vor Lebenslust. Er ist ständig in Aktion, und seine Energie scheint unerschöpflich.

Sein unerschütterlicher Optimismus bewahrt ihn davor, sich um materielle Dinge und ein gesichertes Leben kümmern zu müssen. Der Tiger sorgt sich wenig darum, Geld zu verdienen.

Trotzdem hat er meistens genug Geld und gibt es genauso großzügig wieder aus, um bald darauf wieder im Geld zu schwimmen. Man möchte nun glauben, dass er dafür hart arbeiten muss oder eine geniale Erfindung gemacht hat. Aber dem ist nicht so. Der Tiger hat ganz einfach Glück – und eine Menge Fans, die ihn immer gerne großzügig unterstützen.

Tiger sind leidenschaftlich, gefühlvoll und sehr menschlich. Logischen Argumenten gegenüber sind Tiger nicht so aufgeschlossen, dafür aber umso mehr Lob und Streicheleinheiten.

Das Leben des Tigers ist oft so chaotisch, dass ein anderer glatt Selbstmord begehen würde. Aber nicht so der Tiger, den Sodom und Gomorrha noch lange nicht aus der Fassung bringen können. Und wenn ihm eine Sache doch etwas zu heiß wird, rettet er sich mit einem eleganten Sprung und landet wieder sicher auf allen Vieren!

Obwohl man es nach all dem kaum glauben möchte, besitzen Tiger eine ausgesprochen treue Seele. Sie sind großzügig und haben einen ausgeprägten Gerechtigkeitssinn. Freiheit geht ihnen über alles, vor allem ihre eigene. Jeder, der versucht, sie einzuengen oder ihnen sogar Zwänge oder Regeln aufzuerlegen, lernt das Raubtier in ihnen kennen.

Der Tiger und sein Gefühlsleben

Es ist nicht schwer zu erraten, dass der Tiger sich nicht gerne an die Kette legen lässt. Sollten Sie es dennoch versuchen, werden Sie sehr bald feststellen, dass Sie an Ihrem faszinierenden König des Dschungels keinen besonderen Spaß mehr haben. Aber eines kann Sie beruhigen: Der Tiger ist von Natur sehr treu.

Tiger sind überaus gefühlvoll und großzügig. Darüber hinaus hassen sie jegliche Heuchelei. Was ein Tiger sagt, das meint er auch so. Daher wird er Sie auch nicht belügen.

Wenn Sie sich einen Tiger einfangen wollen, machen Sie sich rar. Tiger machen nicht gerne leichte Beute und lieben die Eroberung.

Ein Tiger kommt sein Leben lang nicht aus der Sturm-und-Drang-Zeit heraus. Wenn Sie sich also zu einem Tiger gesellen wollen, ist das Einzige, was absolut sicher ist, dass es Ihnen nie langweilig wird.

Der Weg zum Erfolg im Zeichen Tiger
Mit seiner Dynamik und seinem Optimismus scheut der Tiger kein Risiko. Er lässt sich auf die waghalsigsten Unternehmungen im blinden Vertrauen ein, dass ihm das Glück schon hold sein wird.

In einer Position, in der seine Freiheit eingeschränkt ist, wird man einen Tiger kaum finden und wenn, dann nicht sehr lange. Klarer Fall, dass er der Herrscher ist, und wer dies in Frage stellt, wird sehr bald eines Besseren belehrt werden.

Der Tiger ist ein Erfolgstyp. Aber er will im Alleingang zu Ruhm und Ehren gelangen und lehnt jede Einmischung in seine Angelegenheiten ab. Nur wenn er das Gefühl hat, es ganz alleine geschafft zu haben, empfindet er seinen Sieg als wahren Triumph.

Auch im Berufsleben braucht der Tiger Bewegung. Daher kann es passieren, dass er öfter eine neue Beschäftigung braucht, weil ihm die alte zu langweilig geworden ist.

Als Selfmade-Typ wird er wohl kaum beständig eine Stufe nach der anderen die Karriereleiter hinaufklettern. Er nimmt die ganze Leiter mit einem

Satz, und wenn ihm das nicht auf Anhieb gelingt, probiert er lieber gleich eine andere Leiter aus.

Berühmte Tiger-Persönlichkeiten
Prinzessin Anne, Königin Elisabeth II., Alec Guiness, Thor Heyerdahl, Marilyn Monroe, Elisabeth Kübler-Ross, Romy Schneider.

Katze

Yin; festes Element: Holz
Chinesischer Name: Tu

Jahreszahlentabelle Katze

29.1.1903 –	16.2.1904
14.2.1915 –	3.2.1916
2.2.1927 –	23.1.1928
19.2.1939 –	8.2.1949
6.2.1951 –	27.1.1952
25.1.1963 –	13.2.1964
11.2.1975 –	30.1.1976
29.1.1987 –	16.2.1988
16.2.1999 –	4.2.2000
3.2.2011 –	22.1.2012

Die Katze-Persönlichkeit
Allen Sprichwörtern zufolge hat die Katze sieben Leben. Ebenso herrscht in China der Glaube, dass das Tierkreiszeichen der Katze ein Symbol der Langlebigkeit ist. Die Katze gibt ein Bild vollendeter Grazie, Eleganz und Harmonie ab. Wie ihre Artgenossen aus dem Tierreich sind auch die menschlichen Vertreter dieses Zeichens ausge-

sprochen geschmeidig und gewandt. Sie verfügen über diplomatisches Geschick und vermeiden, wenn möglich, jeden Streit oder Konflikt.

Katzen sind eher vorsichtig und gehen der Gefahr aus dem Weg. Wenn man sie jedoch in die Enge treibt und ihnen kein anderer Ausweg bleibt, zeigen sie die Krallen und beweisen, dass sie doch eine entfernte Verwandschaft mit einem Raubtier haben.

Mit ihrer warmherzigen, feinfühligen und geselligen Art sind Katzen sehr beliebt als Gastgeber, Freund, Kollege und Partner. Sie glänzen gerne in einem kleinen, vertrauten Kreis, während sie draußen in der Welt eher zurückhaltend und vorsichtig sind.

Alles Unvorhergesehene ist einem Katze-Geborenen sehr verhasst. Ein unerwartetes Ereignis, auf das er sich nicht lange vorbereiten konnte, bringt ihn völlig aus dem Gleichgewicht.

Eine Katze erreicht ihre Ziele niemals dadurch, dass sie mit dem Kopf durch die Wand rennt. Im Gegenteil, sie setzt ihren Willen mit Takt und viel Geschick durch. Sie besitzt ein ausgeprägtes Fingerspitzengefühl für die Art, wie man mit anderen Menschen am besten verhandelt. Daher hat sie auch eine glückliche Hand für gute Geschäfte.

Katzen sind auf charmante und ganz bezaubernde Art raffiniert. Sie schaffen es, ihren ärgsten Feind so geschickt zu umgarnen und ihm so gekonnt zu schmeicheln, dass er glatt dahinschmilzt und ins feindliche Lager überwechselt.

Stress ist für die Katze ein Fremdwort, und wenn jemand versucht, sie anzutreiben, verkriecht sie sich erst einmal hinter dem Ofen, und niemand kann sie so schnell wieder hervorlocken. Katzen sind die geborenen Lebenskünstler.

Die Katze und ihr Gefühlsleben
Katzen sind verständnisvoll und feinfühlig. Wenn Sie jemandem Ihr Herz ausschütten wollen, sind Sie bei einer Katze am richtigen Platz. Wenn Sie aber jemanden brauchen, der Sie bis aufs Messer verteidigt oder sein letztes Hemd für Sie opfert, sollten Sie besser einen Tiger oder einen Hund aufsuchen. Einer Katze dürfen Sie nicht allzu sehr zur Last fallen. Das bringt sie aus der Ruhe!

Da Katzen sehr viel Liebe und Zärtlichkeit brauchen und darüber hinaus auch noch überaus intelligent sind, wissen sie genau, wie sie sich ihre Bedürfnisse erfüllen können. Sie umschmeicheln ihre Auserwählten so liebevoll, dass diese ihren Liebesbezeugungen nicht widerstehen können und meistens nachgeben.

Der Katze-Geborene braucht ein sicheres, warmes Nest, in dem er sich rundherum wohlfühlen kann. Wenn er es einmal gefunden hat, wird er es so schnell nicht wieder verlassen.

Der Weg zum Erfolg im Zeichen der Katze
Die Katze ist der geborene Diplomat, daher kommt sie gut mit anderen Menschen zurecht.

Auch das Rampenlicht tut ihren Augen weh, und sie macht nicht gerne viel Lärm um sich. Ihr Privatleben ist der Katze wesentlich wichtiger als beruflicher Erfolg.

Aber in manchen Situationen macht die Katze das Rennen, während einige Vertreter anderer Zeichen gar nicht bemerken, dass sie gerade dabei sind, von diesem harmlosen, stets freundlichen und zuvorkommenden Wesen elegant und charmant vor die Tür gesetzt zu werden.

Aus sicherer Distanz bewahrt sie den vollen Überblick, und ihren wachsamen Augen und Ohren entgeht nichts, was von Bedeutung ist.

Berühmte Katzen-Persönlichkeiten
Albert Einstein, Agatha Christie, Joachim Fuchsberger, Dieter Hildebrandt, Gina Lollobrigida, Karl May, Henry Miller, Roger Moore, Frank Sinatra, Tina Turner, Orson Welles.

Drache

Yang; festes Element: Holz
Chinesischer Name: Lung

Jahreszahlentabelle Drache

16.2.1904 – 4.2.1905
3.2.1916 – 23.1.1917
23.1.1928 – 10.2.1929
8.2.1940 – 27.1.1941
27.1.1952 – 14.2.1953

13.2.1964 – 2.2.1965
31.1.1976 – 17.2.1977
17.2.1988 – 5.2.1989
5.2.2000 – 23.1.2001
23.1.2012 – 9.2.2013

Die Drache-Persönlichkeit
Dieses Fabeltier sprüht vor Vitalität und Energie. Drachen sind faszinierend und erschöpfend zugleich. Was sie am meisten hassen, ist der fade Alltag mit seiner farblosen Routine. Daher tun sie alles, um ihr Leben möglichst chaotisch zu gestalten und überall Unordnung zu schaffen, um jeglicher Monotonie vorzubeugen.

In China gilt der Drache als das Symbol des Kaisers und der Macht.

Aber es gibt einen kleinen Trick, wie man sich bei einem Drachen Gehör verschaffen kann: Rühren Sie an sein großes Herz!

Wenn ein Drache kämpft, erscheint ein Vulkanausbruch im Vergleich dazu eher harmlos. Wie ein Feuersturm fegt er übers Land und hinterlässt eine Wüste, ohne mit der Wimper zu zucken.

Der Drache braucht eine Aufgabe, für die er seine überschüssige Kraft einsetzen kann, sonst steht er ständig unter Druck, und das bekommt ihm nicht besonders gut.

Auch in den größten Schwierigkeiten lässt sich ein Drache nicht unterkriegen. Er gibt sich niemals geschlagen, selbst wenn eine Sache noch so aussichtslos erscheint. Und kommen Sie ihm nicht mit Vernunft oder logischen Argumenten! Dann verrennt er sich nämlich nur noch mehr!

Der Drache und sein Gefühlsleben

Nach allem, was Sie bereits über den Drachen wissen, können Sie sich sein Gefühlsleben sicherlich lebhaft vorstellen. Der Drache besitzt ein riesengroßes Herz und ein feuriges Temperament. Wenn er liebt, dann mit Haut und Haaren und ohne lange Umschweife.

Wenn Sie von einem Drachen erobert worden sind, werden Sie sich als Auserwählter und obendrein als der glücklichste Mensch der Welt vorkommen! Drachen sind nämlich unwiderstehlich. An der Seite eines Drachen erstrahlt man selbst in seinem schönsten Licht. Sie fühlen sich in seiner Gegenwart einfach großartig.
Einen Drachen zu erobern, ist nicht einfach, denn er tut das sehr gerne selbst.

Der Weg zum Erfolg im Zeichen Drache

Wenn ein Drache die Erfolgsleiter erklimmt, bleibt dies nicht unbemerkt. Er nimmt sie im Sturm, wobei er kaum Notiz davon nimmt, wenn andere dabei auf der Strecke bleiben. Dort, wo alle anderen längst aufgegeben haben, wird es für den Drachen erst richtig interessant. Wenn Sie ihn zur Weißglut bringen oder gar hinausekeln wollen, langweilen Sie ihn mit Routinearbeiten oder bürokratischem Papierkram.

Was der Drache braucht, ist eine ihm angemessene Aufgabe. Er muss Pionierleistungen erbringen und als Erster den Mount Everest besteigen. Da ihm hier leider schon jemand zuvorgekommen ist und auch Kolumbus schon vor ihm in Amerika war, ist seine berufliche Laufbahn häufig recht kurvenreich. Der Drache muss experimentieren und oft mehrere Berufe ausüben.

Berühmte Drache-Persönlichkeiten
Salvador Dalí, Kirk Douglas, Faye Dunaway, Jean Gabin, John Lennon, Jeanne Moreau, Anthony Quinn, Gregory Peck, Ringo Starr.

Schlange

Yang; festes Element: Feuer
Chinesischer Name: Schi

Jahreszahlentabelle Schlange

4.2.1905 –	25.1.1906
23.1.1917 –	11.2.1918
10.2.1929 –	30.1.1930
27.1.1941 –	15.2.1942
14.2.1953 –	3.2.1954
21.2.1965 –	21.1.1966
18.2.1977 –	6.2.1978
6.2.1989 –	26.1.1990
24.1.2001 –	11.2.2002
10.2.2013 –	30.1.2014

Die Schlange-Persönlichkeit
In China gilt die Schlange als die Verkörperung der Weisheit. Und auch andere Vorurteile, die wir im Allgemeinen gegenüber ihren Vertretern aus

dem Tierreich haben, müssen wir korrigieren. Schlangen verfügen über magische Kräfte und übersinnliche Fähigkeiten. Mit ihrer ausgeprägten Intuition sind sie für andere Menschen daher oft rätselhaft und geheimnisvoll.
Schlange-Geborene sind ein Vorbild an Eleganz und Ästhetik.
Schlangen verstehen es, sich gut und teuer zu kleiden, und auch sonst ist alles, was sie besitzen, nur vom Feinsten. Wenn Sie einer Schlange eine Freude machen wollen, gehen Sie mit ihr in den besten Juwelierladen am Platz.

Der Schlange-Geborene verliert nicht einmal angesichts der größten Katastrophe die Nerven. Wie ein Fels in der Brandung bleibt er stets geistesgegenwärtig und meistert die Lage mit Bravour.

Die Schlange und ihr Gefühlsleben
Die Schlange erwartet bedingungslose Treue. In der Liebe kennt sie kaum Kompromisse. Wenn sie ein Opfer auserkoren hat, hypnotisiert sie es, was ihr mühelos gelingt. Danach verschlingt sie es mit Haut und Haaren. Wenn Sie nicht bereit sind, sich ganz und gar in Besitz nehmen zu lassen, sollten Sie versuchen, den Verführungskünsten einer Schlange nicht zu erliegen. Was für andere gilt, muss aber noch lange nicht für die Schlange gelten. Sie selbst nimmt es mit der Treue nicht allzu genau, und in Besitz nehmen lässt sie sich auch nicht so gerne. Sie hat ihre eigenen Vorstellungen von Treue.

Wenn Sie eine Schlange zum Partner haben, wird es Ihnen nicht an interessantem Gesprächsstoff mangeln. Schlangen sind ausgesprochen gute Unterhalter. Sie führen gerne tief schürfende, philosophische Gespräche.

Wenn eine Schlange glücklich und zufrieden ist, ist sie ein sehr umgänglicher Gefährte. Sie kann überaus verständnisvoll und tolerant sein.

Der Weg zum Erfolg im Zeichen Schlange
Schlangen haben kein besonderes Bedürfnis nach Erfolg. Was sie wollen, lässt sich auf einen einfachen Nenner bringen. Sie wollen so leben können, wie es ihnen gefällt. Dies heißt im Klartext: Eine Schlange möchte ein ruhiges und komfortables Leben führen und morgens nicht aus dem warmen Bett kriechen müssen.

Wenn sie nicht bereits als Millionär geboren wurden und daher zur Arbeit gezwungen sind – die ihnen gar nicht liegt – entwickeln daher auch Schlangen eine gesunde Portion Ehrgeiz und Zielstrebigkeit.

Sie besitzen genau die richtige Mischung von Charme, Kaltblütigkeit, Intelligenz, Einfühlungsvermögen und gutem Riecher, um ihre Chance wahrzunehmen, wenn sie gekommen ist und mit einem gezielten Biss zuzuschlagen.

Berühmte Schlange-Persönlichkeiten
Julie Christie, Bob Dylan, Aretha Franklin, Indira und Mahatma Gandhi, Greta Garbo, John F. Kennedy, König Ludwig II. von Bayern, Robert Mitchum, Pablo Picasso, Edgar Allan Poe, Jean Paul Sartre.

Pferd

Yang; festes Element: Feuer
Chinesischer Name: Ma

Jahreszahlentabelle Pferd

25.1.1906	–	13.2.1907
11.2.1918	–	1.2.1919
30.1.1930	–	17.2.1931
15.2.1942	–	5.2.1943
3.2.1954	–	25.1.1955
21.1.1966	–	9.2.1967
7.2.1978	–	27.1.1979
27.1.1990	–	14.2.1991
12.2.2002	–	31.1.2003
31.1.2014	–	18.2.2015

Die Pferd-Persönlichkeit

Kaum ein anderes Tierkreiszeichen ist so freiheitsliebend wie das Pferd. Es braucht viel Auslauf, und zwar sowohl geistig als auch gefühlsmäßig. Was den Pferden fehlt, ist Ausdauer und Stabilität. Dafür sind sie aber umso flexibler und wendiger. Sie können in jeder Situation sofort reagieren.

Was den Pferd-Geborenen Schwierigkeiten macht, sind ihre häufigen Stimmungsschwankungen. Sie leiden unter ihren Launen. Da sie von einem Extrem ins andere verfallen, ist ihr Gemütszustand nur selten ausgeglichen.

Es heißt, dass Pferde ziemlich egozentrisch seien. Das stimmt auch insofern, als sie gerne im

Mittelpunkt stehen und sich oft wie ein Kind im Trotzalter benehmen. Dabei sind sie nicht wirklich egoistisch. Sie wollen nur um jeden Preis das Gefühl haben, vollkommen frei zu sein, und das bedeutet eben, dass alles nach ihrer Pfeife tanzt. Außenstehende empfinden das Pferd daher als ziemlich rücksichtslos.

Doch wie jeder Mensch, hat auch der Pferd-Geborene seine Schokoladenseite. Er ist offen und macht keine langen Umschweife, sodass man immer weiß, woran man bei ihm ist. Darüber hinaus ist er sehr gesellig und ein ergebener Freund, mit dem man im wahrsten Sinne des Wortes „Pferde stehlen kann".

Das Pferd und sein Gefühlsleben

Pferde sind sehr impulsiv und stürzen sich Hals über Kopf in jedes Abenteuer, das ihnen bei ihren weiten Ausritten in die Quere kommt. Sie fangen schnell Feuer, das aber oft nicht sehr lange brennt, weil sie keine Zeit haben, neues Holz aufzulegen. So schnell, wie sie auf Touren gekommen sind, verlieren sie auch wieder das Interesse.

Bei Pferden existiert die „Liebe auf den ersten Blick" nicht nur in der Phantasie. Sie praktizieren sie ihr ganzes Leben lang, und zwar des Öfteren! Ein Pferd dürfen Sie unter keinen Umständen einsperren, wenn Sie verhindern wollen, dass es nach allen Seiten wild ausschlägt. Vielmehr müssen Sie viel Mut aufbringen, um bei seinen waghalsigen Ritten mithalten zu können. Und mithalten müssen Sie, denn ein Pferd möchte nicht alleine gelassen werden, wenn es verliebt ist.

Wenn Sie ihm eine große Freude machen können, schenken Sie ihm etwas, mit dem es noch schneller von einem Abenteuer zum nächsten galoppieren kann.

Der Weg zum Erfolg im Zeichen Pferd
Sie werden auf der ganzen Welt keinen einzigen Bürohengst finden. Wer diesen Begriff geprägt hat, hat auf jeden Fall überhaupt keine Ahnung von Pferden!

Das Pferd stürzt sich mit Begeisterung in neue Projekte. Aber es hat wenig Ausdauer. Wenn sich die Sache zu lange hinzieht, wird sie ihm schnell langweilig. Am liebsten sind Pferde immer unterwegs. Viele Reisen tragen sehr zu seiner Zufriedenheit bei. Wenn möglich, sollte es bei seiner Arbeit auch nicht ständig sitzen müssen. Auch Pferde können ehrgeizig sein, und zwar dann, wenn sie von einer Idee begeistert sind. Dann setzen sie alles daran, ihr Vorhaben auch in die Tat umzusetzen. Zur Erreichung eines Ziels ist ihnen dann kein Weg zu weit.

Berühmte Pferd-Persönlichkeiten
Sean Connery, Frédéric Chopin, Paul McCartney, Rita Hayworth, Jimi Hendrix, Barbra Streisand, Helmut Schmidt, Paul Simon, Armin Müller-Stahl, John Travolta.

Ziege

Yang; Festes Element: Feuer
Chinesischer Name: Yang

Jahreszahlentabelle Ziege

13.2.1907 –	2.2.1908
1.2.1919 –	20.2.1920
17.2.1931 –	6.2.1932
5.2.1943 –	25.1.1944
24.1.1955 –	12.2.1956
9.2.1967 –	29.1.1968
28.1.1979 –	15.2.1980
15.2.1991 –	3.2.1992
1.2.2003 –	21.1.2004
19.2.2015 –	7.2.2016

Die Ziege-Persönlichkeit
Die Ziege ist ein Träumer, der sehr viel Sinn für die schönen und angenehmen Dinge besitzt.
Ziegen leben lieber in einem Traumland als in der nüchternen Alltagswelt. Deshalb überlassen sie die täglichen Pflichten am liebsten anderen, denn es ist nicht so, dass sie von ihren Träumen auch satt werden. Darin liegt die Widersprüchlichkeit der Ziege. Sie verabscheut den grauen Alltag, ist aber auch kein weltfremder Asket.

Was die Ziege unbedingt braucht, ist ein Partner, der für sie sorgt und sie unterstützt. Dafür ist sie auch bereit, sich ihm weitgehend anzupassen. Er muss für den Lebensunterhalt sorgen, damit sie ihre Kreativität entfalten kann. Die Ziege dankt es ihm, indem sie ihn mit ihren phantasievollen Ideen unterhält.

Die Ziege-Geborenen sind verträgliche Menschen, die Streit und Aggression verabscheuen. Ziegen haben keinerlei Zeitgefühl. In den Dimensionen, in denen sie sich meistens aufhalten, gilt auch der allgemein gebräuchliche Kalender nicht. Sollten Sie mit einer Ziege einen festen Termin verabreden, halten Sie besser immer eine Alternative bereit.

Sonst kann es ihnen passieren, dass Sie Ihre wertvolle Zeit damit verschwenden, vergeblich auf die Ziege zu warten. Ihr Lebensrhythmus unterscheidet sich vollkommen von dem eines „normalen" Sterblichen.

Die Ziege und ihr Gefühlsleben

Ziegen sind Gefühlsmenschen, denen jegliche Logik fehlt. Sie urteilen nach Gefühl, sie handeln nach Gefühl und sie leben nach Gefühl. Ziegen sind treu, solange sie liebevoll gehegt und gepflegt werden. Aber in einer nüchternen Atmosphäre welken sie dahin und machen sich auf, um sich nach neuen Gefilden umzusehen. Dabei kommt ihnen ihre angeborene Neugier sehr zu Gute.

Wenn Sie sich eine Ziege ins Haus holen wollen, müssen Sie bereit sein, ihr alle Geldsorgen abzunehmen. Wenn Sie das tun, kann man Ihnen nur gratulieren! Die Ziege wird Farbe in Ihren grauen Alltag zaubern, dass Sie nur so staunen. Wenn sie versorgt ist, kommen ihre Talente nämlich voll zur Entfaltung.

Der Weg zum Erfolg im Zeichen Ziege

Im Falle einer Ziege muss man nur ein wenig kombinieren, um zu erraten, dass wir es hier nicht unbedingt mit einem Arbeitstier zu tun haben.

Ziegen sind nicht ehrgeizig, was den grauen Alltag anbelangt. Dieses Feld räumen sie lieber sofort und überlassen es denen, die sich hier erproben wollen. Die Ziege hat daran absolut kein Interesse.

Aber jetzt kommt das „große Aber". Wenn Sie das Talent einer Ziege entdecken und gerne die Rolle ihres Managers übernehmen und das „Mädchen für alles" spielen, dann entpuppt sie sich als einer der schillerndsten Schmetterlinge auf der ganzen Welt!

Berühmte Ziege-Persönlichkeiten
Isabelle Adjani, Simone de Beauvoir, Boris Becker, James Dean, Cathérine Deneuve, Annie Girardot, Janis Joplin, Laurence Olivier, Walter Scheel, Brooke Shields, John Wayne.

Affe

Yin; festes Element: Metall
Chinesischer Name: Hou

Jahreszahlentabelle Affe

2.2.1908	–	22.1.1909
20.2.1920	–	8.2.1921
6.2.1932	–	26.1.1933
25.1.1944	–	13.2.1945
12.2.1956	–	31.1.1957
29.1.1968	–	16.2.1969
16.2.1980	–	4.2.1981
4.2.1992	–	22.1.1993

22.1,2004 – 8.2.2005
8.2.2016 – 27.1.2017

Die Affe-Persönlichkeit

Affen sind die geborenen Komiker. Ihr größtes Vergnügen besteht darin, ihre Intelligenz dazu zu benutzen, anderen Menschen ein Schnippchen zu schlagen oder sie hinters Licht zu führen. Ein Affe kann sich zwar hochmütig geben, um Sie an der Nase herumzuführen – aber auch das ist wieder nur einer seiner kleinen Tricks! Nein, der Affe will sich einfach amüsieren, und das geht eben manchmal nur auf Kosten anderer.

Zu der vielseitigen Begabung des Affen gehört auch, dass ihm niemand lange böse sein kann, selbst wenn der Affe ihm kurz zuvor das Fell über die Ohren gezogen hat. Affen sind allseits beliebt. Da sie sehr gesellig sind, ist das natürlich sehr zu ihrem Vorteil. Affen sind treue Freunde, freundliche Nachbarn und sympathische Kollegen.

Darüber hinaus besitzt er Weitblick, weshalb er die Folgen seiner Handlungen gut abschätzen kann. Einem Affen das Wasser zu reichen ist nicht gerade leicht.

Der Affe und sein Gefühlsleben

Affen verlieben sich gerne und schnell, aber selbst die größte Liebe macht sie nicht blind. Sie bewahren immer einen kühlen Kopf und entdecken so schneller als andere die Fehler des Partners oder die Schwächen der Beziehung. Das macht es ihnen nicht gerade leicht, ein dauerhaftes Glück zu finden.

Wenn Sie ihn gerne öfter bei sich zu Hause haben wollen, schaffen Sie sich eine große Kinderschar an. Affen bleiben ihr ganzes Leben lang Kinder, weshalb sie am glücklichsten sind, wenn man sie mit Gleichgesinnten Streiche aushecken lässt!

Der Weg zum Erfolg im Zeichen Affe
Affen sind einfallsreich und gewitzt. Sie finden sehr schnell heraus, wo der wunde Punkt ihres Gegners ist oder wie man ihn mit seinen eigenen Waffen schlägt.

Wo so mancher andere Schwierigkeiten hat, was er mit seiner Zeit anfangen soll, ist der Affe ein wahres Genie. Affen können mindestens zehn Sachen gleichzeitig machen.

Affen brauchen viel Abwechslung. Aber da sie so unübertroffen einfallsreich sind, fällt ihnen immer wieder etwas Neues ein, um den grauen Alltag zu beleben. Wenn sich Routine einzuschleichen droht, stellen sie kurz den ganzen Laden auf den Kopf – und schon ist wieder etwas los.

Berühmte Affe-Persönlichkeiten
Jaqueline Bisset, Jill Clayburgh, Joan Crawford, Bette Davis, Federico Fellini, Mick Jagger, Herbert von Karajan, Reinhold Messner, Rod Stewart, Liz Taylor.

Hahn

Yang; festes Element: Metall
Chinesischer Name: Yi

Jahreszahlentabelle Hahn

22.1.1909 – 10.2.1910
8.2.1921 – 28.1.1922
26.1.1933 – 14.2.1934
13.2.1945 – 2.2.1946
31.1.1957 – 16.2.1958
17.2.1969 – 5.2.1970
5.2.1981 – 24.1.1982
23.1.1993 – 9.2.1994
9.2.2005 – 28.1.2006
28.1.2017 – 15.2.2018

Die Hahn-Persönlichkeit

Wenn der Hahn mit seinem prächtigen Gefieder hocherhobenen Hauptes durch die Menge stolziert, zieht er alle Blicke auf sich. Er liebt es, im Mittelpunkt zu stehen, und auch privat will er immer der „Hahn im Korb“ sein. Aber das ist nur die eine Seite der Medaille. Hähne sind zudem aufrichtig und ehrlich.

Wer im Zeichen des Hahns geboren ist, hat eine glückliche Hand im Umgang mit Geld. Wenn Sie zu den Unglücklichen gehören, bei denen sich der Gerichtsvollzieher schon ganz wie zu Hause fühlt, holen Sie sich einen Hahn zu Hilfe. Er wird die Sache wieder in Ordnung bringen, aber nicht nur das: Sie bekommen noch eine Strafpredigt gratis dazu!

Der Hahn und sein Gefühlsleben

Hähne brauchen die Bewunderung wie die Luft zum Atmen. Darüber hinaus sind sie aber auch sehr verantwortungsbewusst. Sie kennen ihre partnerschaftlichen Pflichten und füllen sie gewissenhaft aus.

Mit der Treue nehmen sie es nicht so genau. Oft reicht die Bewunderung eines Einzelnen nicht aus, um sie zufrieden zu stellen. So mancher Gockel hält sich daher einen Harem in Reserve.

Dennoch sind Hähne umgekehrt sehr eifersüchtig. Jeden Rivalen schlagen sie in die Flucht. Hähne sind sehr gesprächig und reden viel und gern.

Wenn Sie sich einen Hahn ins Haus holen wollen, sparen Sie nicht mit Komplimenten. Wenn Sie bereits einen Hahn im Haus haben, machen Sie ihm ab und zu eine kleine Szene. Das schmeichelt ihm.

Der Weg zum Erfolg im Zeichen Hahn
Wenn ein Hahn nicht im Rampenlicht stehen und sein Talent im Show-Business entfalten kann, verdient er sich in allen Berufen seine Lorbeeren, in denen er sich als Finanzgenie betätigen kann.

Hähne sind gewissenhaft und vernünftig. Von riskanten Unternehmungen lassen sie von vornherein die Finger, denn dazu fehlt ihnen der nötige Optimismus und die Phantasie. Sie schlagen lieber den sicheren Weg zum Erfolg ein und kommen mit Ausdauer und Methode an die Spitze.

Hähne liefern immer Präzisionsarbeit. Sie erledigen ihre Pflichten mit peinlicher Genauigkeit und Sorgfalt.

Berühmte Hahn-Persönlichkeiten

Jean Paul Belmondo, Prinzessin Caroline von Monaco, Joan Collins, Katherine Hepburn, Elton John, Simone Signoret, Peter Townsend, Peter Ustinov.

Hund

Yin; festes Element: Metall
Chinesischer Name: Gou

Jahreszahlentabelle Hund

10.2.1910 –	30.1.1911
28.1.1922 –	16.2.1923
14.2.1934 –	4.2.1935
2.2.1946 –	22.1.1947
16.2.1958 –	8.2.1959
6.2.1970 –	26.1.1971
25.1.1982 –	12.2.1983
10.2.1994 –	30.1.1995
29.1.2006 –	17.2.2007
16.2.2018 –	4.2.2019

Die Hund-Persönlichkleit

So beliebt Hunde bei ihren Mitmenschen auch sein mögen, sind sie doch selten zufrieden, weil sie ihren angeborenen Hang zum Pessimismus niemals ganz in den Griff bekommen.

Hunde leiden sehr unter ihrer Unruhe. Deshalb brauchen sie viel Sicherheit und Geborgenheit. Hunde verfügen über eine fast unfehlbare Menschenkenntnis, daher kann man ihnen nicht viel vormachen. Wenn der Hund sie aber einmal als seinen Freund auserkoren hat, weicht er Ihnen nicht mehr von der Seite, und Sie werden jeden Tag wieder dankbar sein, dass Sie behaupten können, einen wahren Freund fürs Leben gefunden zu haben.

Der tiefgründige Hund ist nicht nur ein Menschenfreund, vielmehr übernimmt er auch mit Vorliebe eine humanitäre Aufgabe. Darin kann er vollkommen aufgehen und sogar seine eigenen Sorgen vergessen!

Der Hund und sein Gefühlsleben

Der Hund unterscheidet im Umgang mit Menschen nur zwischen Freund und Feind. Er wittert sofort, wer einen guten und wer einen schlechten Charakter hat, und daran orientiert er sich auch. Obwohl er nach außen hin tolerant ist, wird er sich mit niemandem näher einlassen, der seiner feinen Nase nicht so ganz gefällt. Wenn er enttäuscht wird, vergisst er das ein Leben lang nicht. Hunde besitzen nämlich ein ausgezeichnetes Gedächtnis und darüber hinaus sind sie sehr empfindlich und verletzbar.

Ein Hund ist warmherzig und liebevoll. Er gibt es Ihnen unmissverständlich und ohne große Umschweife zu verstehen. Der Hund ist die Treue in Person.

Der Weg zum Erfolg im Zeichen Hund

Wie Sie sehen werden, gibt es sehr viele prominente Hunde und das, obwohl der Hund sehr selbstlos ist. Selbst wenn er eine Führungsposition einnimmt, verhält er sich immer human, fair und großzügig. Vielleicht ist das sein Trumpf im Ärmel, der ihn so erfolgreich macht.

Hunde müssen an eine Sache glauben, dann machen sie sie zu ihrer Lebensaufgabe. Wenn Hunde diese gefunden haben, beweisen sie, zu welchen Opfern sie fähig sind und welch ein heldenmütiges und großes Herz sie besitzen.

Der Hund-Geborene kämpft für die Gerechtigkeit. Wenn man ihn selbst oder jemanden, der ihm sympathisch ist, betrügt oder mit unfairen Mitteln übers Ohr haut, wird er wild.

Berühmte Hund-Persönlichkeiten
Brigitte Bardot, David Bowie, Charles Bronson, Rainer W. Fassbinder, Ava Gardner, Judy Garland, Michael Jackson, Sophia Loren, Shirley MacLaine, Inge Meysel, Liza Minelli, Donald Sutherland, Sylvester Stallone, Mutter Teresa.

Schwein

Yin; festes Element: Wasser
Chinesischer Name: Ju

Jahreszahlentabelle Schwein

30.1.1911 – 18.2.1912
16.2.1923 – 5.2.1924
4.2.1935 – 24.1.1936
22.1.1947 – 10.2.1948
8.2.1959 – 28.1.1960

27.1.1971 – 14.2.1972
13.2.1983 – 1.2.1984
31.1.1995 – 18.2.1996
18.2.2007 – 6.2.2008
5.2.2019 – 24.1.2020

Die Schwein-Persönlichkeit
Das Schwein gilt als das ehrlichste und gewissenhafteste Zeichen in der chinesischen Astrologie. Man könnte es geradezu als „Wahrheitsfanatiker“ bezeichnen. Da es darüber hinaus noch sehr gutmütig ist und nur an das Gute im Menschen glaubt, lässt es sich manchmal ganz schön an der Nase herumführen.

Schweine sind, ganz anders als der Ruf, der ihnen im Tierreich vorauseilt, Luxusgeschöpfe. Sie genießen das Leben mit all seinen sinnlichen Genüssen, in denen sie so richtig schwelgen können.
Da sie sehr gesellig und großzügig sind, lassen sie andere gerne daran teilhaben. Obwohl man Schweine oft ein wenig antreiben muss, können sie sehr aktiv werden. Das Schwein ist immer die gute Seele, die sich stets eifrig bemüht, alles zur vollsten Zufriedenheit zu erledigen und sich allseits nützlich zu machen.

Wenn es ums Geld geht, sind Schweine viel zu weichherzig. Es lässt sich von so manchem Schmarotzer ausnehmen wie eine Weihnachtsgans, wenn es nicht auf der Hut ist.

Das Schwein und sein Gefühlsleben
Schweine sind sinnlich und leidenschaftlich, und sie lieben das Leben.

Daher setzen sie ihre Träume immer in die Realität um. Voller Lebensfreude genießt ein Schwein alles, was ihm die Liebe zu bieten hat – und das ist eine ganze Menge.

Das Schwein ist von einer ganzen Schar von Bewunderern umgeben und tut sich oft schwer damit, aus ihnen den einen auszuwählen, mit dem es die Überfülle seines Lebens teilen möchte.

Wenn es ihn oder sie aber gefunden hat, ist es treu und absolut ehrlich. Dieselbe Zuverlässigkeit und Aufrichtigkeit erwartet es auch von seinem Partner.

Ein Schwein ist sehr sensibel und anhänglich. Ab und zu liebt es aber auch das Alleinsein und erwartet, dass man ihm für eine Weile seine Ruhe lässt.

Wenn Sie sich ein Schwein angeln wollen, sollten Sie immer eine kleine Aufmerksamkeit mitbringen. Ebenso ratsam ist es, seinen Geburtstag nicht zu vergessen, denn es ist zutiefst gerührt, wenn Sie daran denken. Und was bei einem Schwein immer wirkt: Laden Sie es in ein erstklassiges Restaurant zu einem erlesenen Diner mit mindestens fünf Gängen ein!

Der Weg zum Erfolg im Zeichen Schwein

Schweine interessieren sich nicht so sehr für den Erfolg, aber dafür umso mehr für den Wohlstand. Das Schwein ist kein Speichellecker, das verstößt gegen seine Würde. Es geht auch nicht über Leichen, dafür ist es viel zu loyal und human. Es schuftet auch nicht für zwei, dafür liegt es zu gerne faul am Swimming-Pool. Wie also kommt unser Schwein zu Ruhm und Ehren?

Nun, man muss ihm manchmal einen recht unsanften Schubs geben, damit es sich auf die Hinterbeine stellt. Für andere hat es oft den Anschein, als müsse ein Schwein nur den kleinen Finger rühren, um die Quellen zum Sprudeln zu bringen. Wo andere die Karriereleiter hinaufhetzen, bleibt unser Schwein gelassen und erntet doch in Hülle und Fülle.

Berühmte Schwein-Persönlichkeiten
Woody Allen, Fred Astaire, Humphrey Bogart, Maria Callas, Jacques Cousteau, Alain Delon, Alfred Hitchcock, Vicco von Bülow (Loriot), Rainier von Monaco, Albert Schweitzer.